U0066647

瑞蘭國際

瑞蘭國際

義大利，獨走20年

深入義大利亞平寧山、托斯卡納、西西里島、薩丁尼亞島、亞德里亞海、拉丁姆平原，發現義大利真實之美！

義大利玩家
林玉緒
Azzurra
／著

走了 20 年
　仍有許多空白待補
許多故事待續……

Prefazione all'ultimo lavoro di YuhsuLin

Conosco l'Autrice dalla fine degli anni '90, quando, dopo un breve periodo trascorso a Perugia, era appena arrivata a Firenze. Iniziò a frequentare il mio stesso gruppo di amici ed il nostro appartamento a Borgo san Frediano:tre studenti universitari italiani di Architettura e Lettere, in una casa dove si incontravano spesso anche tanti altriragazzi dai diversi angoli del mondo. Un periodo ricco di incontri ed esperienze che ci ha regalato incredibili bei ricordi prima di concludersi, quando dopo la laurea ho lasciato Firenze.

Al suo arrivoYuhsu conosceva poco del nostro paese, e aveva qualche problema con la lingua, ma fin dal primo momento con passione e determinazione si dedicava alla scopertadell'Italia nelle sue varie sfaccettature: arte, letteratura, monumenti, ciboe persone. Nella sua ricerca incessante, condotta attraverso viaggi, fotografie e scritti,ha conosciuto un po' alla volta i caratteri principali dell'Italia e degli italiani,visitando innumerevoli luoghi e venendo a contatto con tantissime persone in tutte le parti d'Italia. In seguito, a differenza di quanto accade alla quasi totalità dei visitatori stranieri, è riuscita ad assimilare in profondità anche le sfumature, le diversità regionali nell'arte, nel clima nel cibo e nel modo di vivere. Infatti il percorso di Yushualla scoperta dell'Italia non si limita ai soliti luoghi noti al vasto pubblico come Firenze, Roma, Venezia, Milano, Pompei, ma arriva ad un livello molto più profondo, arrivando anche alle tradizioni artistiche e storiche dei centri minori, sia della Toscana o dell'Umbria, sia delle regioni del Sud, come il Molise, la Puglia, la Basilicata, la Sicilia.

Con il passare del tempo, la nostra amicizia si è consolidata e di tante persone che conoscevo all'università, leiè l'unica con la quale ho ancora un solido rapporto di amicizia, nonostante viviamo a migliaia di chilometri di distanza. Si può anzi dire che si è intensificato, da quando negli ultimi anni i soggiorni di Yuhsu in Italia si sono intensificati. Con il passare del tempo, infatti,grazie anche alla sua serietà e capacità organizzativa, è riuscita a trasformare la sua passione nel suo lavoro, sviluppando una conoscenza profonda e sorprendente del nostro Paese, viaggiando in lungo e in largo, realizzando diverse pubblicazioni, lavorando come interprete, realizzando documentari, organizzando gruppi di turisti. Qualunque italiano che la conosca infatti rimane colpito dal fatto che l'Autrice ha visitato tutte le Regioni d'Italia e conosce innumerevoli luoghi incantevoli anche paesini che quasi nessuno ha mai sentito nominare e anche li sa indicarti cosa vedere e cosa mangiare. Questo ci fa vergognare un po', noi che pur vivendo in Italia conosciamo molto meno di lei il nostro stesso paese.Il volume che avete tra le mani racchiude dunquela sintesi di un viaggio che prosegue ormai da circa venti anni con la stratificazione di vent'anni di esperienze raccolte in giro per la penisola, filtrate dal punto di vista dell'Autrice.

　　我在 90 年代後期認識作者，當時她才剛結束在貝魯佳的生活搬到翡冷翠不久。她開始和我認識的朋友群往來並經常到我們位在聖斐迪安諾舊區的租屋處，我們這三個分別就讀於翡冷翠大學建築系和文學系的學生所住的老公寓，也是來自世界各個不同角落的年輕學子經常相遇的地方。在我畢業離開翡冷翠之前，那是一段充滿與異國文化邂逅並帶給我難以忘懷回憶的美麗歲月。

　　在作者剛來這裡的時候，她對我的國家認識不深，而且語言上也有一些困難，但她秉持熱情，立刻並堅決地縱身投入，去發掘義大利各個不同的面相：藝術、文學、古蹟、私房美食。透過旅行、攝影和文字不斷地追尋，拜訪無數的景點並接觸義大利各地的居民，慢慢瞭解到義大利這個國家與義大利這個民族的主要特質。之後，不同於所有外國觀光客，她走得更加深入，甚至體會到不同區域之間的文化、食物風味和生活模式的細微差異。事實上，在作者發掘義大利的過程中，並不局限於廣大群眾耳熟能詳的翡冷翠、羅馬、威尼斯、米蘭、龐貝，而是到達一個更深的層次，走入較小卻具有藝文氣息的傳統古鎮，像是托斯卡納或是溫布利亞，甚至南部的次級區域，例如莫里塞、布伊亞、巴西里卡達、西西里島。

　　韶光荏苒，我們的友誼比在大學時代所認識的任何人更堅實，儘管我們各自生活在千里之遙的彼端，她卻是我至今唯一仍保持聯絡的好朋友。雖然在作者居住翡冷翠最後那幾年我們就已經很要好，但現在可以說比那時更好。隨著時間的過去，由於她的嚴謹與組織能力，能夠把她的熱情轉換到工作上，不僅對我的國家有

更深入和更教人驚喜的發現，而且她的旅程又長又廣，還出版各種與義大利相關的書籍，從事翻譯、帶領團隊拍攝影片、規劃旅遊路線等工作。事實上，每個認識她的義大利人都驚訝於她走過義大利的大區小域、到過許多連他們都沒聽過甚至不知道在哪裡、要看些什麼與吃些什麼的迷人境地。這讓我們感到有些汗顏，我們這些居住在這裡的義大利人竟然比她還不瞭解自己的家鄉。讀者們拿在手上的這本書是一趟至今已走過 20 年的旅程，也是一本透過作者的觀點、在這座長靴半島歷經 20 年歲月所累積的故事。

Campobasso

8/10/2016

Pierpaolo Palladino

皮耶保羅

美好的「曾經」

　　在台灣的朋友都說：「妳很愛義大利！」不曉得為何，「愛」這個字眼我很少用在自己的身上，可是二十年了，我仍一直往那裡跑，曾經陰錯陽差地出走，莫名其妙地來到這隻南歐的長靴，在那裡沒有目標地唸了大學，又毫無計畫地做了與當地相關的工作，難道是命中註定？

　　我很少回首前塵，但前一陣子整理書櫥，卻發現第一次自助遊歐時的手札，鉅細靡遺地寫下搭機時隔壁坐的陌生人、午餐的內容、在咖啡館喝了什麼咖啡……，這些如今看起來非常雞毛蒜皮的小事，然而卻深深觸動停擺已久的心弦，原來我也曾經這麼地青澀過，曾經對周遭的一切這麼地充滿好奇。隨著出國的頻率增高，留下來的文字紀錄卻呈反比，後來更是只剩「斷簡殘篇」，不過字裡行間散發出那個當下才有的感受，那是年輕時期才有的敏感神經啊！反倒是求學定居貝魯佳和翡冷翠的那段歲月沒有寫下任何篇章，於是決定追回，至於為何要去抓回那距今久遠的記憶，我也不知，但不追究原因也不衡量結果仍是我一貫的習性。非即時的紀載就得去回想、去尋找當時的物件，中古騎士詩、十九世紀末的頹廢小說……，原來這些全都是我自發性選擇過的曾經，回溯雖追不回當時的情懷，卻能平靜地與過去的自我對話：原來我也曾經愛過、也曾經恨過、也曾經笑過、也曾經哭過、也曾經灰心過、也曾經溫暖過、更曾經實實在在地活過！

　　不管愛過和恨過的是人還是物，在義大利的那些「曾經」著實是我生命中最深刻也最難忘的精彩。在貝魯佳的「曾經」、在翡冷翠的「曾經」、在拿波里海灣的「曾經」、在西西里島與薩丁尼亞島的「曾經」、在亞平寧山與阿爾卑斯山的「曾經」、在亞德里亞海畔的「曾經」、在羅馬的「曾經」……，驀然回首竟然二十年了，感謝這些美好的「曾經」，讓我踽踽獨行時並不感到寂寞。

林玉緒

Azzurra.

理性的 10 年 ⋯⋯ 133

感性的 10 年

那是好久以前的事了……。

可能我的青春期爆發得較晚吧！我知道這一定會引發一場家庭革命，然而再不走的話，我永遠也走不成！該聽社會的？還是該聽自己的？兩難！

在先填志願、再考大學的年代，我根本不知道自己喜歡什麼！不管是人生、還是將來的工作。但是我很聽話，大人叫我做什麼，我就做什麼。其實我若一直做「乖乖牌」，我是很幸福的：因為我幸運地考上國立大學的商學院，而且搭的是「升學直達車」，沒有重考；尚未畢業，就接到工作分發單，直接去當公務員；上班第二年，就有人以結婚為前提跟我交往……。我還有什麼不滿足？

大三的時候，同學們要去報考公務員，我也跟著他們去考。這些人很有自己的想法，決定要考薪水比較高的銀行體系；而我根本不知道要選什麼，最後就考自己的本科……，沒想到竟然考上了！當初報名別科的人反而沒上，他們羨慕地說：「早知道就考統計！」他們是北部的高中畢業，剛進大學時，程度比我們南部來的要高上一些，所以我算是比較「土」的！大學即將畢業，他們也紛紛想要考碩士、考托福；反觀我，畢業考之後，只在等著拿畢業證書……。我對自己的未來懵懵懂懂，根本不知道要如何長遠規劃！分發工作的通知來了的時候，他們的做法是：那一年所有相關科系公家機關的職缺全貼在黑板上，依考試分數的高低讓我們做選擇。因為父母覺得參加校外活動很危險，每次期末考結束的當天晚上，我就搭車回家，然後在家把整個寒、暑假睡掉；如今要畢業了，我卻突然間很想留在台北！「為什麼不回

高雄？上班多方便，又不必住外面。」母親的一聲命令，讓我直接就放棄北部的職缺。當時站在黑板前的猶豫，可能就是日後的「反叛」已經在悄悄萌芽了吧！

　　還記得報到的第一天，因為主任疼惜，而且也沒有那麼忙，但我已經是正式的公務員，所以必須遵守工作時間，於是就在辦公室一直坐到下班。只是這期間，小小統計室的門經常開啟，老是有人送卷宗進來，要不然就是要找人，原來這個位於南部的末端公務機關也是很忙的……。後來混熟了，才知道當天那些人進進出出，全是為了「看我」！「因為我們聽說有一個大學剛畢業的新鮮人要來，大家都很好奇哩！」好奇，是由於我這麼年輕，就要來養老了。公家機關穩定，又有保障，做到退休是理所當然。然而才上一年多的班，我就已經變成小老太婆了！很多事情還沒做，就把它想成一定很難，其實我不必很積極進取，放任自己安逸，只要不礙到別人，這也不是什麼罪過！可是心裡就是有一股聲音，但我聽不清楚，不曉得它在呼喊什麼，只覺得我應該要「用功」，不能浪費時間，至於「用功」做什麼？我還是一片茫然。於是我上圖書館看英文雜誌，給自己排定滿滿的閱讀計畫，學琴、寫書法來陶養性情……因此下班之後還是很忙，但我喜歡這些東西嗎？我不知道。我的頭腦裝了很多知識，卻沒有身體去力行，因為過去的觀念仍根深蒂固，只要會讀書就好了，其他的一切自然會迎刃而解！

　　畢業兩年多，舉辦了第一次的大學同學會。當初非常羨慕我們考上公務員的其中一位，後來去某大食用油公司擔任會計，與小開相戀，如今當了少奶奶，我們已經聚餐到一半，她才姍姍來遲：「跟我老公到德國去玩，昨天好晚才回到家……。」

如今「豬羊變色」，看到我們這群穿著小碎花洋裝的公務員，她是否該感謝上帝那時讓她沒考上？剛退伍的男同學也紛紛準備考托福，「你們知道那個去靜宜找高中同學、卻被教官以為是男生趕出來的男人婆嗎？她一畢業就到美國去唸書，聽說是學校的風雲人物，追她的人一大堆哩！」大家的際遇都好精彩，而我原本就是沉默寡言之人，大學時代也過得很平庸，還是唯一回家鄉上班的公務員！所以同學們也不會特別注意到我的存在，在那個出國風氣不是那麼普遍的年代，大家當然都要聽少奶奶的見聞！

我並不羨慕少奶奶，卻對自己生活的「乏善可陳」感到害怕！因為他們都在進步，而我卻越來越「故步自封」！我一定要改變！心裡的聲音清楚了，原來我怕會趕不上大家；不過趕上了，又如何？當時沒有去細想，所以當了三年多的公務員之後，我辭職了，我想去考托福，我想要去美國唸書，我在學歷上不想輸人……。母親的激烈反應卻出乎我的意料！多少人擠破頭想要進去公家機關，我竟然如此輕易地就放棄掉！甚至連婚也不想結！我感到很矛盾，過去她一直灌輸我讀書的重要，什麼都要「第一名」，怎麼現在我想出國去唸碩士卻不對了？她說外面的環境險惡，女孩子只要有固定的工作，然後結婚生小孩就行了。以前我是很聽話的，可是這次就是有那麼一點不甘心，於是做了部分的妥協：不出國，但也不回原機關；再去考試，結果又進了隸屬於財政部的公家單位，不過是在台北。

這下我該高興了吧？台北耶！不是南部的末梢機關，而且又是與電腦相關的金融體系。我很興奮，睽違了將近四年，又再次北上。報到之後，我被分發到與銀

行測試連線的部門，使用的是 IBM 的大型主機。這個過去電腦界的龍頭，擁有自己機器專用的程式語言，我去上班的當時，所有銀行的通匯正準備要連線，於是我把 SPEC 拿出來研讀，改寫測試的程式；除了電腦以外，我還閱讀各種商業週刊、讀者文摘、國家地理雜誌……，我必須時時充實自己，什麼都要知道！下班之後，還去上課、看表演……，十八般武藝都要懂，這樣才不會落伍。

我們的辦公室有間小小的圖書館，每週三中午會開放一小時，讓大家去借書。其中最熱門的，當然是金庸的武俠小說！很多同事經常會追下一集在誰的手上，而我卻是專看非常冷門的《世界文學全集》！《里斯本之夜》、《娜娜》、《約翰‧克里斯朵夫》、《馬丁‧伊登》……，一本書借個半年，根本沒人會問，這樣閱讀起來多輕鬆！我還去台大語文中心上法文，因為英文太普遍了，應該要懂個「第二外國語」。這個課程每週有五小時，來自巴黎的法文老師很認真，每個禮拜五考聽寫，而來上課的幾乎全是台大的女學生，只有我和另一名做貿易的中年男子是社會人士。那些小女生白天就有修第二外國語，晚上上課等於是複習，每個人都好厲害，老師唸的都聽得懂，可是自尊心太強，一點小錯誤就快哭了，嚇得年輕的法文老師不敢叫她們上黑板聽寫；而我在上完八小時的班，還得匆匆趕來，沒缺課就已經很難得了，哪有時間先預習？站在黑板前根本是「鴨子聽雷」，亂寫一通。不過多年的社會歷練，早已學會如何面對尷尬，底下的人笑，我也傻傻地跟著笑，這有什麼大不了？又不是匯款的電腦螢幕金額多了一個零！但這下可好了，每次法文老師要讓上課的氣氛輕鬆點，就會叫我上去聽寫。

有位女同事因為和男友分手，所以去報名英文寫作班，看她中午吃飯的時候還在用力寫作文，「我幹嘛那麼辛苦啊？」她很後悔自己的衝動，但是過了半年，有一天午休的時候，她突然有感而發：「這真是治療情傷的最好方法，而且還有收穫呢！」不久她就結婚了。我的情況卻是相反，根本忙得沒時間交友！我像「無頭蒼蠅」般努力充實自己，然而學的、看的，又不是熱門的社會科目。其實這種矛盾從大學時代就已存在，我所處的環境一直都很穩定，但我很害怕若有一天周遭熟悉的一切全消失了，我還活得下去嗎？外面的競爭那麼激烈，我一定應付不了。或許這根本就是「杞人憂天」，但卻主宰了我的行為模式。於是三年半後，我又蠢蠢欲動了，然而這次我不想去唸學位，我要找一個陌生的國度，把自己目前的一切全部歸零，測試應變的能力……。

　　就這樣，我又辭了工作，下定決心出走了！

01
Capitolo
（Appennini）
亞平寧山

在羅馬機場晃了將近八個小時，搭車的時間終於到了。

「妳就搭從機場到貝魯佳（Perugia）的直達車，比較方便。」這是在台北替我辦理學校證件的那位女士告訴我的，因為在我的周遭根本沒有人到義大利去旅遊過，他們要存錢結婚、買房子。「只有妳們這些女生才會想要出國，滿腦子的浪漫思想，那是不能當飯吃的。」曾經跟我交往過的男生，覺得我太野，想法太獨特，最後紛紛離我而去，選擇了別人；然而當初他們就是被我的「獨特」所吸引，而來追求我，後來這種「獨特」卻又變成分手的原因！我被搞混了，我真的很「獨特」嗎？只不過聽從自己心裡的聲音，而這股聲音並不符合社會大眾的價值觀，所以我就被拋棄了。不過這股聲音也很奇怪，潛沉了那麼久，如今才爆發，好像怎麼壓都壓不住……。

車子繞行山路時，我才清醒過來，這就是我即將展開新生活的地方，一座我非常陌生的城市。站牌有兩個東方女孩，應該就是來接我的。「我要如何找房子？」在決定了出發日期之後，我問那名經辦證件的女士。「我叫人替妳找。」於是她現場打了一通國際電話，搞定！對方是誰，我不知道，女士也沒告訴我，我就這樣來了。真奇怪，我曾是公務員，一切都很保守又小心，怎麼這次卻如此大膽？

那兩個女孩看到下車的只有我一個東方面孔，於是迎上前來，確定了身分，就馬上帶我去住的地方。我從沒想到自己會來到一座

亞平寧山的角落：溫布利亞（Umbria）

溫布利亞位在義大利這隻長靴的中央部分，不靠海而且境內全是亞平寧山，羅馬帝國時代闢建弗拉明尼亞軍用大道貫穿此地通往亞德里亞海，不是重點發展區域，因此城市的規模都不大，值得拜訪者有：貝魯佳（Perugia）、阿西西（Asissi）、史伯烈多（Spoleto）、古比歐（Gubbio）、奧維耶多（Orvieto）。中古自治政府時期，建設與經濟蓬勃發展，但成為教皇屬地之後便一直鎖在十六世紀的時空，因此至今仍保持良好的農村景觀而被稱為「義大利的綠色心臟」。

1. 首府貝魯佳
2. 俯瞰古比歐

鋪著石板的山城，大行李箱的輪子嘎嘎作響，兩側高聳的石屋讓這迴音反射回來，簡直像裝了擴音器！其中那個看起來比較能幹的女孩走過來，「我幫妳！」在台北很時髦的穿著，來到這裡卻變得「土」不堪言！我覺得很不自在，而兩個女孩根本不理我，走在前面自顧自地聊著天。的確，和她們完全是素昧平生，對方為何要跟我親切？這時我才意識到自己真的是完全孤獨了。

來到一幢古老的大樓前面，厚重的木門約有兩個人高，幫我拉大行李的女孩拿出鑰匙插進鎖眼，轉動，然後用肩膀把門頂開，裡面出現鋪著破舊紅毯的樓梯。我們合力把行李搬上四樓，我不知道這棟建築有多老，只是每一級階梯全都被踏得往下傾斜。來到我即將住下來的地方，裡面有三間房和一個廚房、一間衛浴。「妳住轉角這間最大的，我替妳租了三個月，已經先付給房東第一個月的房租了。」我趕緊把錢還給對方。「妳們也住在這裡嗎？」「沒有！這是我的電話，有問題可以打給我。」說完，把鑰匙交給我，那兩個女孩就走了。

我打量了一下房間，家具很簡單，有一張圓形藤桌和兩架藤椅、歐洲常見的九十公分寬的單人床、一個衣櫥。我在台灣從沒睡過這麼窄的床，床墊在臀部的地方凹了下去，沒有床單與棉被，櫥子裡面是空的。另外一個房間住了兩名義大利女孩，她們來和我打招呼。「我們明天就要回家了，因為大學已經放暑假。」我毫無頭緒，也沒有胃口，只想好好地洗個澡，於是打開行囊，拿出盥洗用具。

我真的來到一個原本熟悉的一切完全不存在的世界！六月底的山城竟然是如此地寒意襲人，拿出大衣蓋在身上，蜷縮在光禿禿的床墊裡，望著一根根橫樑支撐起來的天花板。「明天先去買被子吧！」

1 1. 宗教聖城阿西西
2 2. 春天綻放的野罌粟

　　這座城市只要一個禮拜就可以熟透了。市中心位在山上，一條名叫「凡諾奇」的大道（Corso Vannucci）就涵蓋了所有的菁華。還記得剛到的第一天，我躺在「家徒四壁」的房間一覺到天亮，竟然沒有想家！我對未來是很少建構藍圖的，也沒有充滿幻想，或許是這樣，讓我對周遭的一切不會那麼失望，但要完全妥協也不是那麼容易！所以現在我的房間不只有棉被，床包、隔單、外罩、枕頭，樣樣俱全。在台北睡覺並不需要這麼複雜的「設備」，不過義大利人都這樣，我也就「從善如流」。而且還買了一台十四吋的小電視，雖然聽不懂他們滴滴答答在說些什麼，但會讓房間充滿聲音。這並不是因為我害怕寂寞，而是會感覺比較溫暖，石砌的古老房屋實在是「冷」了點！

　　住進這幢老建築的第二天，兩個義大利女孩就搬走了，有足足五天的時間，偌大的房子就只有我一個人在裡頭活動。之前在台灣的背景，我身邊的人根本不會想來義大利浪費時間，何況還是一座名不見經傳的貝魯佳！隻身前來，一切都必須自己打理，有人先幫我找好住宿的地方，讓我到達的第一天就有「家」，已經非常感激了，所以接下來的一切就必須全部靠自己。我從沒學過義大利文，一句話都不會說，但這不就是我想要的？到一個自己完全不熟悉的城市，重新學習生活，以我原本學商的觀點來看，這是完全不符合經濟效益的舉動，但我卻忙得不亦樂乎！

　　這間外國人語文大學是貝魯佳大學附設的國立機構，當時在台

灣要申請義大利的學生簽證，這是唯一最容易獲得許可的學校。我根本不瞭解來這裡要上些什麼，只想離開令我快要窒息的機器人生活，所以事先完全沒有打聽，反正「船到橋頭自然直」！第一天去註冊時，祕書處要我先去辦理居留。什麼是居留許可？「妳到對面的警察局去辦。」所謂的警察局，是一間小小的地下室，因為這間語文大學是一幢蓋在半山腰的十八世紀建築，所以位於最底下的樓層窗戶開得老高，還可以看見外面行人的腳哩！窗口前排滿學生，全是外國人！原來歐洲大學的暑假即將開始，很多人來上個短期語文，順便遊覽義大利。裡面的一位男警察不知道在生什麼氣？一直鬼吼鬼叫地，反正我什麼也聽不懂，真好！

學費，在台灣就已經用台幣先匯了；現在要開始生活，就要適應這裡的幣值與消費水準。一個月的學費是二十萬里拉、一個月的房租是四十萬里拉、一張公車票是一千兩百里拉；這裡的數字單位經常以三位數為準，一萬的義大利文是十千、十萬是一百千、一千萬是十個百萬；買菜是以公斤來秤重，找錢是用加法……，我每天都在學習眼前的新事物，即使這些在未來都沒有投資報酬率，但卻讓我很開心，原來換個地方，許多小事全都變成了大事！

我並沒有再麻煩那兩位替我找房子的女孩，雖然她們看起來似乎早已在這裡生活了好一段時間。而且自己去摸索，或許會碰壁，還經常徒勞無功，但正式上課的日子還沒到，閒得很，剛好拿來調整步調。在台北分秒必爭，來到這裡卻急不得，一切都必須依照義大利人的腳步來進行，因為你急也沒有用！於是我開始學起他們，在市中心的露天咖啡座點一杯卡布奇諾，然後坐著看人。當地的居民很奇怪，在下午六點多的時候就會慢慢聚集，然後在凡諾奇大道上來來回回一直走，直到吃晚飯的時候才逐漸散去。這時我也跟著付錢，接著緩緩踱回空無一人的老屋。

亞平寧山的角落：溫布利亞的建築

溫布利亞十六世紀之後成為教皇屬地，因為身處交通隘口，以擴充軍事用途的堡壘為主，沒有受到當時盛行的巴洛克風潮影響，所以建築反而很簡單純淨。古代建築以「亞突路斯可遺跡」（Etruschi）為主，例如奧維耶多的「凝灰岩十字集體墓穴」（Necropoli del Crocifisso del Tufo）；中古時期建築以廣場和教堂為主，例如貝魯佳的「十一月四日廣場」（Piazza IV Novembre）；教皇國時代建築以城堡為主，例如阿西西的「大碉堡」（La Rocca Maggiore）。

貝魯佳的十一月四日廣場

1. 建於亞突路斯可遺跡上的奧古斯都拱門
2. 貝魯佳的寶琳納城堡
3. 阿西西聖方濟大教堂的修院

　　暑假開始了，義大利學生幾乎消失無蹤，然而這間古老的石屋卻開始熱鬧起來。一天，一位蓄著小鬍子的男人出現，原來他就是來接我的那兩名台灣女孩口中的「拿波里房東」。「拿波里」，前一年我還在上班的時候，來義大利旅行，在羅馬參加了一日遊的行程曾搭車經過，破落的街道掛滿了像萬國旗般的衣物，似乎不是一個很高級的地方。不過這位「拿波里房東」只和我簡單地打了聲招呼，就忙著整理其他的房間，因為新的房客下午就要住進來了。

　　正當我在自己房間看書的時候，「喀！喀！喀！」那是木頭厚底涼鞋的聲音，很篤定、很強勢，不在乎他人眼光地拉著大行李走進我的隔壁，原來那裡還有一間單人房啊！因為那扇門一直鎖著，所以我以為這間公寓只有三房。那個女孩製造出很大的聲響，讓這間沉默的老房子頓時活了過來。在走廊和對方初次見面，才知道原來也是個東方人，而且還是來自台南！「我在紐約唸書，趁著暑假來義大利三個月。」我很羨慕對方充滿自信的態度，什麼動作都很大，也不怕吵到別人，彷彿就是這裡的主人；不像我，凡事小心翼翼地，幾乎就像個幽靈，在這間冷冷的小石屋裡飄來飄去。台南女孩上課也很隨性，因為她就是來這裡度假的；不像我，每堂課都去上，回來還拚命唸文法、寫作業。沒辦法，我一時還無法很瀟灑地放棄那個深植於腦海中的「要認真」，這三個字主宰了我二十多年，來貝魯佳才不過一個禮拜，怎麼可能一下子就拔除？

　　另外一間雙人房也來了一個德國女孩和一個克羅埃西亞女孩，

她們並不相識，只是租房子碰巧住在一起。德國女孩很少待在家裡，因為這裡不僅設備簡陋，室友還全是一些來自落後國家的「下等人」！這也是我來這裡以後才開始感覺到的種族歧視，過去在上班期間的出國旅遊，最長也不過兩個禮拜，看到的都是美好的風景與事物，回到台灣總是讓我回味不已；不像現在是生活，平凡的柴米油鹽變成了大事，連瓦斯爐火怎麼點都要學習！不過也還好有這些瑣事佔據心力，要不然下課之後的漫長時光要如何度過？

克羅埃西亞女孩倒是經常在家，講話的聲音非常宏亮，這已不是她第一次來義大利了，難怪義大利文說得這麼好。「他們來這裡度假最划算了，過條國界就到了！」台南女孩一點也不稀奇這些外國人。首先，紐約是全球第一大城，在那裡待過，眼光就是不一樣；再來，這個台南女孩以前就曾交過一位威尼斯的男朋友，不僅會簡單的義大利文，熱戀時還曾兩人開車到前南斯拉夫去玩，難怪她對克羅埃西亞女孩的自吹自擂根本就是嗤之以鼻。「那個國家冬天都還要砍柴燒呢！還笑人家義大利落後。」我冷眼旁觀，看著這兩個女孩「高」來「高」去，心想她們一定覺得我老土得要死。不過反正我也無所謂，在台灣的時候，我就有自己的一套「生理時鐘」，那時候的干擾還更多，我都能不為所動了，如今身在異鄉，社會的壓力被隔在千里之外，我的「自我」更可以完全展現。

「妳為什麼不取個英文名？」台南女孩問我，在對方的心目中認為在西方世界繼續使用中文名，真的很土！「而且外國人怎麼記得住？」這倒是真的，因為我的名字不是外國人習慣的發音。我想起大學時代，那些北部的同學都有英文名，上英文聽講實習時，感覺好「先進」；我一直沒有取，因為我覺得名字應該是別人給的，例如這個中文名就是父母給的；畢業之後去上班，南部末端的公務機關哪需要

什麼英文名字？後來北上進了銀行體系，因為工作並不對外，何必趕時髦呢？但是現在這個問題倒是很切身，因為語文班全是來自世界各地的學生，當他們問我叫什麼時，這個中文名字就變成外國同學的記憶障礙，五秒鐘之後大家全忘光！可是要叫什麼呢？義大利人經常根據聖人來取名，我又不是義大利人，也不是天主教徒，而且他們是用姓氏來區別，因為很多人都叫同樣的名字。如果我取個「瑪莉亞」，在街上聽到有人叫，回頭的鐵定不只我一個！不過最主要是我覺得自己並非高鼻子、白皮膚，叫個義大利名字很格格不入。其實若更仔細去探究，是隱藏於心中那種「不想流於塵俗」的虛榮在作祟！之前在台灣上班的時候，我老是做一些跟周遭環境無關的事，應該就是想要與眾不同！只是當時被很多藉口矇蔽，自己也看不清楚；沒想到來山城，生活變簡單，過去的干擾不再，很多當時的「莫名其妙」卻逐漸獲得解答！

很難決定的事情，乾脆交給機率去決定。拿起厚厚的義中字典，隨機翻到其中一頁，就從裡面找個不是非常離譜的字來當名字吧！Azzurro，「湛藍」之意。好，就拿它來當自己的義大利文名，只要改成陰性就成了！不到一秒鐘，惱人的取名問題竟然就解決了！很多事情根本不必想太多，這就是我的邏輯。

「妳為什麼叫這個名字？」台南女孩問我。

「我覺得不錯啊！」我不敢回答對方說自己是隨機翻字典的。

「義大利人沒有叫這種名字的！」台南女孩自恃曾交過義大利男朋友，所以懂得比我多，而且目前又在紐約攻讀碩士，那是最時髦的世界之都耶！

「可是幹嘛要和大家一樣？」我開始有點不服氣了。

「因為這聽起來很像隨便在叫阿貓、阿狗的！」

亞平寧山的角落：溫布利亞的藝術

Assisi

1. 貝魯佳交換所
2. 聖方濟肖像

直到義大利共和國於 1860 年建立之後，才清楚劃出溫布利亞大區的界線。過去因位處交通轉運站，所以畫師幾乎都來自鄰近的托斯卡納（Toscana），例如喬托 · 迪 · 蒙多內（Giotto di Bondone）為阿西西的聖方濟教堂所繪的壁畫，從此成為這位聖人的典型肖像；至於暱稱為「貝魯佳人」的本土畫家皮耶特羅 · 凡諾奇（Pietro Vannucci）為貝魯佳交換會所製作的系列繪畫，結合宗教人物與票券價值，堪稱創作經典。

1. 溫布利亞大區教堂天花板常見的聖人壁畫
2. 溫布利亞國立藝廊的典藏
3. 貝魯佳廣場上經過歲月沉積的噴泉雕像

　　台南女孩一副不屑的表情，覺得我很「老土」。其實我發現出國留學的人或多或少都有這種毛病！因為他們看過許多家鄉沒有的現象，而且又是身在先進國家，乾淨、整齊、守法，接觸到各種新奇的事物，那是在家鄉不可能碰到的，所以眼界變寬了，遇到自己的同胞時，那份「自負」便油然而生。不過我不妥協的臭脾氣也不會因為對方口中的「阿貓、阿狗」而改變，至少這個名字會比叫「瑪莉亞」、「蘿拉」更讓我感到自在一點，畢竟我不是真正的義大利人！或許當地人或班上的外國同學剛開始聽到覺得很奇怪，但卻馬上印象深刻，現在他們全都輕易地就記得我！名字，不就是個代號而已，何必那麼複雜？

即使是歐洲人，彼此也不盡相同。蘿拉是德國人，而且還是來自「前西德」，幾乎把這間老房子當成睡覺的地方而已。每天我出門去上課時，蘿拉還在睡覺；下課回到家，她早已失去蹤影，一直到就寢前，都沒看到對方的身影！與蘿拉同寢室的海蓮娜倒是經常在家，我在準備晚餐的時候，海蓮娜會跑到廚房來和我聊天，而且晚上也足不出戶。台南女孩上午會出門，因為義大利文的程度比較好，唸的是中級班，所以我在學校沒有碰過對方。其實我的室友們全都是來度假的，我很懷疑這幾個女孩到底有沒有去上學？我倒是很認真，每堂課都不缺席，從「鴨子聽雷」到聽得懂、會說簡單的會話，一個月都不到呢！哪像之前在台北上班時去上法文課，三個月卻連一句完整的句子都講得結結巴巴！不過當你連買菜都得用義大利文時，進步就會非常神速。

或許是原本就寡言的個性使然，讓我變成一位很好的聽眾。海蓮娜會跟我描述克羅埃西亞有多美、多進步，反正我又沒去過，一切都信以為真；台南女孩會跟我訴說與外國男孩交往、被追求的經過，反正我也沒有這種經驗，聽起來都很新鮮。倒是這兩個女孩彼此互不相讓，老是在比誰才是真正的義大利通；我則在旁邊靜靜地煮飯，反正這是我第一次在國外住那麼久，凡事對我而言都是新奇的，連跟歐洲人一起上課、同住一個屋簷下都是頭一遭！我發現歐洲人很自我，有一股隱隱的優越感，就拿蘿拉來講，根本就不會想要與室友們建立友誼，老是和自己的德國同胞混在一起，我曾在市區碰過，全都是金髮碧眼又高大的「優良人種」！來到義大利唸書

之後，我才發現這是西方人的審美觀，所以北歐來的同學，在這裡就很吃得開。海蓮娜雖然也是金髮碧眼，卻是來自東歐的共產國家，氣勢上就比同寢室的蘿拉矮一節。我知道海蓮娜經常在家，是因為經濟上的關係，畢竟義大利的消費比克羅埃西亞要高很多，不過她能來貝魯佳度暑假，在她的國家已算是有錢人之列了！

　　我去上的初級班，各色人種都有，因為是暑假，所以歐洲學生佔大宗。這些年輕人的生活態度很輕鬆，下課休息十五分鐘，都在走廊上忙著認識新朋友；上午的課上完了，就到大教堂旁邊的階梯上坐著曬太陽。義大利文對他們而言，一點都不難，每個人都會說上一些。怎麼？他們都不用唸書就會了！反觀我，每個章節的練習做得一絲不苟，文法與單字還背得要死，上聽講實習時，卻仍然「噤若寒蟬」；那些在我看起來完全不認真的歐洲人，雖然句法的結構不正確，卻膽敢和教授「侃侃而談」，完全不在乎他人的眼光！而且這些外國人幾乎把老師當成「同輩」來聊天，和我自小被灌輸的「尊師重道」相衝突！所以我來這裡上學，不只要學另一種

1　2　1. 阿西西的明內瓦神殿
　　　2. 貝魯佳的凡諾奇大道

與自己母語完全不同系統的說話規則，連「生活態度」也變成一門課！這門課沒有老師，或者說周遭的外國同學都是我的老師，在耳濡目染之下，原本心中根深蒂固的某些嚴謹，逐漸在瓦解……。

　　還有一件奇怪的事，就是在別人的國家生活，自己的「國家意識」卻莫名其妙地高漲起來！不過這種情況以亞洲的開發中國家比較明顯，不曉得是因為那裡地狹人稠、競爭比較激烈的關係？還是自卑所引發的極度自大使然？我的班上，其實亞洲人是少數，畢竟義大利文並不是經濟效益很高的投資。其中比較常見的是日本人，他們的高度現代化與富裕，讓這個民族根本不把亞洲其他國家當成勁敵，加上他們對西方文化有一種欽羨，所以都很努力地去認識歐洲人。我從大學時代就獨來獨往，上班的時候又被同事看成「特立獨行」；來到貝魯佳也是獨自一人，除了那兩個台灣女孩事先替我找好房子以外，其他的全都自己來，所以我也沒有經常廝混在一起的同胞。我雖然安靜，其實「自我」程度比起那些歐洲人來，也絲毫不遜色，只是沒有表現出來而已。然而班上的一名韓國修女卻老是拿一些教會的哲理給我看，主動地要來開示我，那種「咄咄逼人」的方式，讓我非常反感！以前高中的「倫理」讓我背得很痛苦，如今孔子講的那句「以德服人」卻是那麼貼切！我最討厭「強迫接受」了，而這位韓國女士卻是這種手段的箇中翹楚！別以為我的外表溫柔乖巧，內心的堅定卻不是任何人撼動得了，連我的父母都辦不到了，何況是個毫不相干的外人？

　　在一個全新的環境中，可以不必顧及人情世故，真是令人輕鬆不少！況且周遭的人在說些什麼，我又聽不懂，不想和他們交際時，連五官都不必刻意關閉！西方同學不太會打擾人，倒是這個韓國修女一直來關心我，當你的好意不被對方欣然

接受的時候，其實就該「知所進退」了……。

「你們為何都不說義大利文？」

韓國修女在背後大吼一聲，把我們全嚇了一跳！下課的休息時間，大家隨性地聊聊天，初級班的程度根本還無法用於交談，況且已經聽了四十五分鐘滴滴答答的義大利文，雖然彼此的英文也講得結結巴巴，至少動詞變化沒那麼複雜。

「我都聽不懂你們在說些什麼！」

韓國修女的回答令我們感到啼笑皆非。我覺得對方是針對我而來，因為這位修女一定是認為我不知感恩，下課怎麼都不來找她講話？然而不找韓國修女講話的人不只我而已，大家都怕得要死！反觀班上那些來自印度、印尼、菲律賓的神父們，就要自然許多。這些神職人員來此接受義大利文的訓練，之後就要到教會的大學去上像是醫學或藥學方面的專業知識，再分派到各個天主教機構去服務。他們老是笑嘻嘻地，若沒特別問起，根本不會提及自己的身分。來這裡上課的第一個月，我就發現東北亞與東南亞人民的不同：東北亞的人競爭性很強，深怕別人不知道自己的國家很進步，擔心會被瞧不起，當然日本是個例外；東南亞的人卻很樂天，不會特別強調自己的國家，也不會因為貧窮而感到自卑。

其實我也有強烈的東北亞國家人民特性，剛開始會一直解釋台灣、強調台灣！如今那位韓國修女孤獨的身影讓我明白了一點，要獲得真誠的友誼與他人的尊重，絕不能光靠「拳頭」！

亞平寧山的角落：溫布利亞的文學

在聖方濟（San Francesco）生前最後幾年，寫下《詠歌之最》讚頌上帝創造之偉大與天地萬物之美；雅科伯‧達‧透蒂（Jacopo da Todi）在妻子辭世之後，放棄富裕的商人生活而投身祈禱的宗教行列，以「頌揚」來描繪自己的生命歷程，兩者皆是以溫布利亞的方言寫成。其他與這裡比較相關的文字，都是來自外地的著名作家所撰寫的遊記類，像是但丁在《神曲》〈天堂〉篇的第九首詩中提到貝魯佳、歌德描寫尋找阿西西明內瓦神殿的遺跡、史慕烈特敍述在幾座小城的奇遇……。溫布利亞就是因為沒有特別龐大的城市，所以給人的印象是整體性質。

1 | 3
2 |

1. 史伯烈多的主教堂
2. 代表貝魯佳的有翅神獸
3. 溫布利亞充滿簡樸之美的小教堂

最近蘿拉經常在家，把我和台南女孩嚇了一大跳。今天下午，我們兩個在家喝咖啡，聊天笑得太大聲時，德國女孩突然出現在房門口……。

「妳們說話可以小聲點嗎？我要睡覺。」說完，她就又消失了。

「我不知道她在家耶！」台南女孩說。

「我也不知道……」

「她好像交了一個義大利男朋友，昨天晚上我聽到他們在房間裡接吻，親得好大聲！」台南女孩又說。

「可是她在德國不是已經有男朋友了嗎？」

台南女孩瞪了我一眼。我心想，對方大概覺得我「土」得無可救藥了吧！都什麼時代了，還有這種「從一而終」的八股思想？其實我對愛情也是有憧憬的，只是西方式的直接，對我這個才來這裡一個月的菜鳥而言，衝擊還是太大！但這也不能怪我，就讀國中的時候，全班都是女生；高中的時候，變成全校都是女生！那時人生的唯一目標是「考試」，戀愛絕對禁止，誰要是被看到在路上和男生約會，隔天就會被叫到訓導處去！上了大學以後，「交男朋友」突然間成為女生被人評判價值的標準，我完全搞混了……。這道兩性之間互動的界線劃分得太絕對，我一直適應不良。

來到了一個熱情的南歐國家，十三、四歲就在交異性朋友，十五、六歲就有性經驗的平均年齡，我簡直「晚熟」得可以！東方

國家經常「以結婚為前提」的戀愛觀，我雖然不以為然，但卻覺得是很有經濟效益的做法。然而過去的幾段戀情，因為有個目標在那裡，而我的生活與工作環境非常單純，所以那些男生對婚姻對象的要求也很「狹隘」，當對方發現我沉靜的外表底下卻有個不安靜的靈魂時，就紛紛求去。我覺得很奇怪，為何結婚之後，女生就得做晚飯，而不可以去上課充實自己？為何女生最好是去學插花、烹飪這些我本身就不喜歡的東西，而不是去上法文課？天生的反骨，讓我越受限制就越想反其道而行，結果那些男生竟然就轉頭去找符合結婚條件的別人！我很受傷，也很懷疑這到底是不是愛情？然而愛情又是什麼？東方的言情小說老是把女主角塑造成柔美清純、惹人愛憐的形象，是因為這樣而讓男生產生錯覺、讓女生不禁模仿嗎？我不知道，只知道無法為了要結婚而壓抑「自我」。

　　然而義大利人對愛情的直接，也讓我很錯愕！男生很大膽，女生一點也不含蓄，這樣的愛情似乎又太感官、太激烈了！人家說：「這才叫浪漫！」可是在台灣，總是把「浪漫」這個字眼加在愛幻想又不切實際的女生身上，而且還帶有輕微「鄙夷」的味道。我選擇來義大利唸書，周遭認識的人早就替我貼上這個標籤，原本我是很在乎的，因為這表示我「沒大腦」！不過在看了蘿拉之後，我漸漸改觀，這個德國女孩可是很享受這段短暫的戀情，她根本不把「結婚」當前提，搞不好她連想都沒想過呢！這樣談起戀愛多輕鬆，不必想東想西的，而且歐洲的女人在感情的範疇中具有很大程度的主宰權，相較於東方女性，受到的傷害就不會那麼深。

　　我羨慕蘿拉，並不是因為對方交了一個義大利男朋友，而是對愛情的自由態度。我發現在義大利談戀愛是天經地義，根本沒有年齡的限制！來到這裡之後，我老是聽到「natura」這個字眼，那不就是所謂的「自然」之意？義大利人動不動就說：

「不可以違反『自然』！」剛開始我總覺得這是推託之詞，為人類的感官找個不必大費周章去解釋的藉口，然而班上那些正值青春年華的莘莘學子追求愛情的直接態度，這不就是「自然」的最佳詮釋？十七、八歲的年輕人來到陽光普照又到處都是美景的國度，他們才不會關在房間裡猛背文法呢！

我開始回想起自己那段青春歲月在做些什麼？對了，帶著一副黑框大眼鏡、背著大書包、每天書唸到半夜地在準備聯考！那是還有「髮禁」的年代，班上有幾個比較俏麗一點的同學，在頭髮與制服上稍微「做點文章」，就會被教官特別關照，也會被遵守規定的「好學生」看成三八，認為那些「壞學生」不想唸書，一心只想交男朋友而已！其實私底下，大家都在偷看少女漫畫、言情小說，把自己幻想成書

阿西西的春會中之春天女神

史貝婁花節

中的女主角，現在我看起來，那才真的是「違反自然」！因為大家會把愛情想得太神聖，把故事裡的情節變成談戀愛的「公式」，結果愛情不是人類自然的行為模式，而是具有「目的性」，這樣談起來根本就彆彆扭扭、放不開。

在什麼年紀該做什麼事，大自然有它的安排，順著這個步驟走下去，很多事情就不會那麼絕對。為什麼女生就得「乖乖」的？為什麼女生就得等待？班上有個希臘男生下課都會來找我講話，然而來自荷蘭的女同學就直接站到我們兩個人的中間，背對著我地把希臘人「攔截」走，我只是笑笑地離開，畢竟我早已過了「為愛義無反顧」的青澀歲月，有些顧忌就是放不開。或許等到哪一天能夠拋掉那一切，人生就會更自在了！

古比歐的蠟炬賽

亞平寧山的角落：溫布利亞的節慶

- 阿西西的春會：五月第一個週四至週六，延續中古世紀的傳統，上城與下城以讚頌春天為主題相互競賽。

- 古比歐的蠟炬賽：五月十五日，抬著高五公尺、重四百公斤、頂端佇立聖烏巴多和聖喬治與聖安東尼奧神像的三根巨燭，往山上的聖殿衝去。

- 史貝婁花節：依天主教曆約在五月底六月初，城市街道鋪滿以真實花瓣拼成的彩色花壇，向聖體致敬。

- 溫布利亞爵士季：七月在境內許多城鎮舉辦，來自世界各地的爵士樂團彼此競技。

下課回到家，竟然全員到齊！連很少在這間老屋跟我有時間「交集」的蘿拉也出現，我感到很意外。大家都臉色凝重，到底發生了什麼事？

「房東今天來整理房間，說有兩個中東男生要搬進來！」海蓮娜的大嗓門第一個發難。

「這樣會很不方便⋯⋯」蘿拉竟然也會發表意見，她又不常在家。

倒是台南女孩以平常心看待，畢竟紐約是個大熔爐，什麼人種沒看過？我則不知道問題在哪裡，不過有男生同處一個屋簷下是比較不方便，這樣就不能穿著睡衣隨便走來走去。可是那兩個歐洲女孩在擔心什麼？她們與異性的相處那麼大方，不像我還很拘謹，問題出在哪裡呢？

「中東人耶！回教徒，野蠻的民族！」海蓮娜像天要塌下來一樣地大叫。

過去在電視新聞上看到的劫機、恐怖份子畫面，突然出現在腦海。的確，那些人經常都「以牙還牙、以眼還眼」，以前只是聽說，事件發生的地點在十萬八千里外，跟自己毫無關係；如今「這種人」就要住進來，彼此要共同用一個廚房、還有洗手間！

「我們聯合起來向房東反應，不希望他們搬來。」蘿拉說道。

「對！我還得把包包藏好，那裡面有很多錢呢！」海蓮娜又大叫。

　　「我想房東應該不會同意吧！況且下午他們就要搬進來了！」台南女孩說得很中肯。

　　我沒有發言，在一個團體裡面，我經常是保持緘默的一員。不過到了西方世界以後，我才發現沉默並非是「金」，但一時還改不過來，而且「回教徒」這個字眼對我而言，有點虛擬，感覺不是那麼切身。也是來義大利之後，我才發現宗教信仰也變成一個重要的議題。一些才認識的西方朋友會問我信什麼教？我一時還真答不出來。「所以妳是『無神論者』囉！」這有這麼重要嗎？在義大利，百分之八十以上的人是天主教徒，信奉聖母瑪莉亞與耶穌，出生不久就要施行「小兒洗禮」，選父親的兄弟為教父、選母親的姐妹為教母，中間還有個洗禮名。我呢，在台灣時會拿香祭拜祖先，也會去廟裡許願，那時有同學會去受洗成為基督徒，我覺得很時髦，可以決定自己想要信什麼！不過我認為這些都沒有很絕對的區分，界線是很模糊自然地。可是來到這裡，宗教竟然是有「定義」的！你必須要做一些儀式，信了這個，就不可以信那個，排他性很強。基督教與回教，歷史上打了多少次戰爭，難怪那兩個歐洲女孩的反應會如此激烈。

　　可能是我和台南女孩都沒有什麼表態，海蓮娜「無頭蒼蠅」式的激動根本也幫不上忙，蘿拉就又靜靜地走開了。其實這個德國女孩經常來無影、去無蹤，跟室友的互動很少，今天突然間出現在廚房，還真不習慣哩！這場會議就這樣「無疾而終」，海蓮娜匆匆忙忙地要去藏她的錢包，台南女孩繼續喝她的咖啡，而我下午還有聽講實習的課要上呢！

傍晚上完課走回老屋，很安靜。蘿拉依照慣例，不到半夜不會在家；倒是海蓮娜和台南女孩聽到我的開門聲，從房間裡走了出來。

「搬來了嗎？」我劈頭第一句話就問，因為家裡靜得出奇。
「已經搬來了，不過又出去了！」兩個女生異口同聲。

老實說，我心裡覺得很刺激。大學時代才離家，住的是學校的女生宿舍，男賓止步；上班後，又都住在家裡，我很好奇有男室友是什麼感覺？況且還是「中東人」呢！不一會兒，大門的鎖眼轉動……來了！來了！回教徒要出現了！

「這個請妳們吃，我媽媽做的。」男孩把一盒甜點放在餐桌上，立刻就鑽進大門旁的那間雙人房，我根本來不及看清楚對方的長相。

那只白色的盒子裡裝滿我從沒看過的點心，有些似乎是拔絲、有些上面還沾有開心果的碎屑……，雖然看起來很甜的樣子，但我卻非常好奇地想嚐嚐「回教徒」的滋味。三個女生同時動手，我覺得香料的味道很重，不過那個男孩一進房間後就默不吭聲，難道他已經感覺到室友們的敵意？

「還滿好吃的！」海蓮娜一邊舔著手指、一邊說道。
「之前還說要把錢包藏好，現在卻在吃人家媽媽做的甜點！」台南女孩邊笑邊對我講，反正對方也聽不懂中文。

我一時也覺得很好笑，想到早上大家還緊張成一團呢！不知道蘿拉回來之後

亞平寧山的角落：貝魯佳（Perugia）

下過雪的貝魯佳

溫布利亞的首府，坐落於控制台伯河谷地的山丘上，中古世紀為此城的輝煌時期，1531 年成為教皇國屬地。老城區主要的凡諾奇大道（Corso Vannucci）連接公車站所在的義大利廣場與最重要的十一月四日廣場，後者的四周有主教堂（Duomo）、司鐸宮（Palazzo dei Priori），中央有座三層水盆高的大噴泉（Fontana Maggiore）；大道兩側有溫布利亞國立藝廊（Galleria Nazionale dell'Umbria）和百年老餅鋪珊德利（Sandri），往半山腰走去找到蓋在亞突路斯可遺跡上的奧古斯都拱門，外國人語文大學就在這片強臂廣場（Piazza Fortebraccio）上，再往旁邊的加里波底路走到底，優美的圓形聖天使教堂（Sant'Angelo）前面的草地最適合看星星。

會有什麼反應？我實在很好奇，為什麼基督徒和回教徒就是水火不容呢？

幾天之後，我才真正和那兩個男生碰到面。其中一個看起來比較年長，頭髮是紅色的，叫做摩西；另一個年紀似乎較小，髮色深黑，叫做默斯達法。他們都準備要在義大利上大學，所以先來貝魯佳學語言，摩西要申請醫學院，默斯達法則是要去唸藥學系，不過他們都是以色列人。奇怪？以色列並非回教國家啊！蘿拉和海蓮娜在怕什麼？但對未知的人、事、物感到恐懼，似乎是人之常情，只是各自怕的東西不一樣，那兩個歐洲女生擔心的是「宗教」，而我擔心的則是「性別」，至於台南女孩呢？似乎天不怕、地不怕，而且最近交了個義大利男朋友，也加入了蘿拉「很少在家」的行列。

即使同住一個屋簷下，但大家都有自己的事情要忙，所以雖然多了兩個中東男生，日子還是過得和之前一樣。晚上我在廚房準備晚餐的時候，海蓮娜會跑來和我聊天，但是只要默斯達法一出現，這個克羅埃西亞女孩就馬上回自己的房間，東歐人終於有表現驕傲的對象了！不過默斯達法好像鈍鈍的，對海蓮娜的不屑根本不以為意，還是他刻意視而不見？那這個「中東人」的 EQ 可真高哩！這是他第一次到義大利來唸書，至於摩西呢？以前早就來過了，熟門熟路地老是跑出去找朋友，把同胞丟在家裡，所以默斯達法只要一聽到我在廚房，就會跟著走出房間來找我說話。

「妳知道嗎，我有一個朋友娶了韓國人，生活好幸福！」

這句話是什麼意思？我轉頭仔細打量默斯達法，這個男生若不理鬍子的話，

1. 貝魯佳最重要的十一月四日廣場
2. 貝魯佳的珊德利老餅鋪
3. 貝魯佳造型優美的聖天使教堂
4. 貝魯佳的外國人大學

可能連眼睛都會看不見！我頭一次遇到毛髮如此旺盛的人類，但並不會感到害怕，因為這個男孩只有十七歲而已。

「他們住在以色列嗎？那個韓國太太在做什麼呢？」
「沒錯，他們住在以色列，他的太太在家煮飯、帶小孩。」

聽到這句話就有氣，為什麼女人的幸福就是「在家煮飯、帶小孩」？我故意讓油加到很熱，然後把濕淋淋的蔬菜直接丟進鍋裡，我知道西方人很怕油煙，希望這麼一爆，也會把默斯達法嚇回房間裡去。然而這個男孩竟然不動如山，還在那裡說個沒完！人在異鄉，尚未建立自己的交友圈，寂寞是難免的，但是小朋友，這種無法避免的孤獨要靠你自己的堅強去克服，要不然你永遠也無法茁壯！於是我用拖盤把晚餐擺好，今天不想在廚房的餐桌吃飯⋯⋯。

「對不起，默斯達法，我要回房間去了。」

在學校的公布欄查看自己有沒有信件的時候，發現旁邊貼著週六遠足的訊息，我決定報名參加。因為都是當天來回，所以路途並不遙遠，加上隔天是週日，還可以休息，禮拜一上課也不至於精神不濟。但更重要的是，費用便宜，而且都是去附近的小山城，有車直接把人載達，可以省去自行前往的舟車勞頓。

正值豔夏的義大利，整個國家都是活的！上個禮拜、還有上上個禮拜，是去溫布利亞西邊的托斯卡納大區，拜訪了以高塔建築著稱的聖吉米納諾（San Gimignano）、消失的神祕民族亞突路斯可人的殖民地伏特拉（Volterra），這些地方我之前從沒去過。而在西耶納（Siena）的扇形廣場等上一整天，終於讓我親身經歷那場只有三分鐘就結束的馬賽，好刺激啊！而且義大利人的腳步一點也不急躁，帶領的人會放我們各自到小城慢慢去走，我愛死了這種旅遊方式！這個禮拜的目的地則是換成東邊的馬各大區（Marche），到境內另一個獨立小國聖瑪利諾（San Marino）和名不見經傳的聖里奧（San Leo）去遠足。

走出戶外，曬曬太陽，會讓人的沮喪情緒一掃而空，難怪那些義大利人總是會在市中心漫無目的地走來走去！我住的老房子從中古世紀就存在了，當時為了安全的理由，窗戶開得很少，根本不注重採光，加上山城的建築面積有限，隔著窄小的街道，對面就佇立著和自己所住的這棟同樣年紀的石屋，什麼景觀也看不見！難怪我的德國室友老是不在家，在陰暗的地方待久了，人可要生病的。

我所認識的朋友，沒人會參加學校舉辦的這種活動，我很好奇

同一個屋簷下的那些女孩不在家的時候，到底都跑到哪裡去了？倒是班上的一些西方神父很熱衷，這些人卸下神職長袍之後，根本與世俗之人無異，而且都長得很帥，只不過舉止神情全都充滿「慈愛」，即使年紀很輕，倒也不會「引人遐思」，所以照相的時候很自然地與他們勾肩搭背，不必有什麼忌諱。能有一個堅強的中心思想真好！他們的愛全都給了上帝，既不會遭到背叛，又能心有所屬，所以這些人總能步履從容地欣賞大自然的美好；反觀我這種脫離不了塵俗誘惑之人，老是在擔驚受怕，付出與獲得一直無法平衡，美好的藍天與輕柔的微風都錯過了！但是話又說回來，這樣似乎比較有「活著」的感覺。

聖里奧是座十五世紀依據羅馬人的遺跡所重建的碉堡，矗立在陡峭的山頭。下車之後，緩緩往上步行，看不到盡頭的爬坡道突然出現一道拱門，一邊傍著山壁、另一邊卻懸空，這一幕讓我很震撼！好熟悉的感覺啊……。對了，在我的夢中曾經出現過這樣的風景，那時我不曾出過國，醒來的時候卻一直忘不了那道非常孤寂的拱門！我就這樣愣住了，其他的同學根本就視若無睹，紛紛超越我，然而我的心裡卻風起雲湧：「為什麼？為什麼？」難道是在前世裡曾經遭遇過嗎？

人生有很多無法解答的現象，但我很高興自己能有如此強烈的感動，因為我發現來義大利之後，開始慢慢面對自己心中很多的聲音，有逐漸「活過來」的感覺，一些原先根本不知道它們存在的神經，似乎被喚醒了。穿過那道拱門，也越過了某種奇妙的時光隧道，不只在探索孤絕的城堡，也在挖掘自己內心深處過去的迷惘……。

傍晚回到家，遇見了台南女孩。「這幾個週末妳都跑到哪裡去了？」
「參加學校的遠足啊！」
「原來！默斯達法一直問我妳跑到哪裡去了呢！」

這個小孩子要幹嘛啊？黏人黏得那麼緊！不過也難怪，這個屋子裡現在經常在家的，就只有我、默斯達法和海蓮娜，然而那個克羅埃西亞女孩壓根就不想和「回教徒」講話，所以默斯達法把我當成傾吐鄉愁的唯一對象。唉，真糟糕！不過我終於搞清楚默斯達法的「真實身分」，因為上次我和台南女孩心血來潮，決定要徒手做台灣的鮮肉包，沒想到義大利的酵母真厲害，麵粉發得好成功，興奮之餘，我拿了幾個請默斯達法嚐嚐。

　　「妳知道嗎？默斯達法是回教徒，他把包子丟了！」台南女孩告訴我。
　　「妳怎麼發現的？」
　　「今天早上我看見垃圾桶裡有我們送他的包子，其中一顆還咬了一口哩！」

　　原來他是巴勒斯坦人，但國籍是以色列，其實只要不涉及到政治方面，政府不會干預太多，包括宗教。默斯達法的父親擁有幾輛砂石車，經營建築整地方面的事業，家境小康。當他驕傲地把家人的照片拿給我看時，我竟然羨慕起眼前這個大男孩，多棒的青春歲月啊！大膽地表達自己的感情，既使會受傷也不怕，因為這時候的修復能力很強。而我十七歲的時候，鎮日與書本為伍，大自然的本能被壓抑下去，只能從唯美純情的小說中獲得宣洩，然而這也嚴重地影響到我對愛情的觀念，因為害怕會受到傷害，讓我一直不敢放膽去愛，裹足不前地變成了半調子。

　　接觸到波蘭和羅馬尼亞來的神父、以及默斯達法之後，我覺得或許「愛」才是人類的信仰吧！不管對象為何，只要是人，似乎就有愛的能力。貝魯佳這座老城好像有一種讓時光倒流的魔法，自動移除對年紀的迷思。既然我老是在檢視自己的過往，或許我應該放下義大利文法書，不要再拿「學校」或「課業」當屏障，就這樣直接走進豔陽高照的世界裡，真真切切地去揮灑自己的人生！

亞平寧山的角落：貝魯佳的迷你捷運

1 2 3

1. 貝魯佳迷你捷運的終點站在老城的半山腰
2. 貝魯佳迷你捷運的車廂
3. Fontivegge 捷運站連接貝魯佳義大利國鐵站

貝魯佳的迷你捷運（MiniMetro）完工之後，為上到老市區提供除了半山腰的電梯、公車以外，另一種更教人印象深刻的大眾運輸途徑。全長 3863.20 公尺，單節小車廂來回於「Terminal Pian di Massiano」、「Stazione Cortonese」、「Stazione Madonna Alta」、「Stazione Fontivegge」、「Stazione Case Bruciate」、「Stazione della Cupa」、「Terminal Pincetto」等七座車站之間，以破壞環境最低限度的輕軌建法，給予搭乘的民眾最佳的景觀。

1 1. 貝魯佳迷你捷運提供美麗的視野
2 2. 迷你捷運出來就是貝魯佳的老市區

怎麼這麼快？三個月的時間一下子就過了，歐洲學生紛紛打包準備回到自己的國家去。海蓮娜是最早的，其實這個女孩的自尊很強，當然也參雜了一些白人的優越感在內，奈何克羅埃西亞經歷共產統治，富裕的程度不僅不及西歐，甚至和台灣也差了一截。記得有一次海蓮娜進到我的房間，看到我掛在衣櫥裡的衣服以及桌上擺的瓶瓶罐罐，羨慕的表情馬上顯露無遺。我決定讓這個女孩滿足一下這種青春時期的虛榮，即使非常短暫也沒關係，當場就拿起化妝品問她要不要試試。

「真的？」海蓮娜又驚又怕，因為那些都是高檔精品。

「對啊！」

「可是我不會化妝耶！」

「那……我替妳化！」

於是那晚，其他室友全都跑得不見蹤影，我們兩個倒也玩得很開心。我原本就是一個頗能自得其樂之人，很喜歡享受這種獨處的時光；海蓮娜則是因為經濟的緣故，才會經常待在這間老屋裡。當這個東歐女孩閉上眼睛時，那輪廓真是漂亮：深凹的眼窩、高挺的鼻樑、豐滿有形的雙唇……。我過去上班時所購買的彩妝，全都是歐洲品牌，自己的東方臉孔上起來實在是效果有限，每次只要使用一點點分量的彩妝，就很足夠了，要不然就會變成一張很可怕的「鬼臉」！不曉得為何自己堅持要買這些響叮噹的歐洲品牌？也不考慮到底適不適合平板的東方臉孔？或許這也是另一種女性的幻想

虛榮吧！我把當初衝動買下來、卻又很少使用的顏色塗到眼前這張高低有致、線條鮮明的「實驗品」上，質感便整個突顯出來……。

「哇……好好看哦！」我不知道海蓮娜這句話是在讚美我的手藝？還是自己那張因為要省錢的原因而一直保持著的「素顏」、如今完全地「煥然一新」？

對我而言，兩者都沒啥重要，只要彼此都玩得愉快就好。反正這些彩妝以我使用的速度而言，可能二十年都無法消耗殆盡，現在剛好有一雙大眼睛可以一次用掉四分之一的分量，既不浪費、又能讓一位來自鐵幕的年輕女孩淺嚐到資本主義世界的甜頭，也算是「物盡其用」啦！

至於蘿拉仍維持其一貫的高傲態度，來無影去無蹤地。是那天上午我只有兩堂課、上完回到老屋時，那名德國女孩的房門沒關，剛好讓我撞見對方正在和義大利男友經歷分離前纏綿不捨的片刻，蘿拉的行囊早已收拾好放在床邊。咦？之前她不是說她的德國男友要開車來接她回國嗎？後來台南女孩告訴我，蘿拉把正牌男友約在火車站，所以這個義大利的「露水鴛鴦」只能送她到那裡為止。哇，真厲害！這個暑假，這個冷冰冰的日耳曼人連一分鐘的愛情空檔都沒有！這就是歐洲人的青春啊……。那我到底在幹什麼？三個月過去了，身邊卻連個鬼影都沒！對啦，是有默斯達法這個情竇初開的小朋友跟前跟後……。

「妳要不要跟我去迪里亞斯港？我要去那裡上大學了。」
「我去幹嘛？」
「做飯給我吃啊！」

這算是哪們子的提議？我二話不說，立刻把提著行李的默斯達法直接往大門推，因為摩西已經在樓下等得不耐煩了。

「妳不跟我『吻別』嗎？」這個回教徒好大膽！

其實默斯達法是個老實的好孩子，只會耍耍嘴皮，真要動手動腳倒還不敢。於是我像義大利人那樣，在那布滿鬍渣的兩頰上個別輕吻一下，我感覺到這個十七歲的大男孩竟然開始「悸動」起來！

「我在迪里亞斯那裡等妳哦！」

看他輕飄飄地飛下樓，也不注意看路，還真怕一個不小心踩空，整個人滾到樓下去！這些被無數過客踏過五個世紀的階梯可是傾斜得非常厲害哩……。不過這時我卻突然間心頭一緊，急忙衝到窗邊，探頭出去看那兩個中東男孩的身影，想到他們剛來時所造成的「騷動」、想到蘿拉嫌這間石屋「沒有熱度」、想到老是吹擂克羅埃西亞有多美的海蓮娜……，如今人去樓空，我又回復到三個月前初到這間老屋時的孤獨身影！連台南女孩也在一個禮拜前就出發到威尼斯去尋找她的「往日情懷」，接著就直接飛回紐約去……。

這個夏天，是真的結束了！

亞平寧山的角落：阿西西（Assisi）

方濟會的起源地與大本營阿西西，坐落於舒巴濟歐山的半山腰，這座山提供的石材使得嚴謹的宗教聖城呈現淡淡的玫瑰色澤，它於清晨或黃昏時最美，值得在此住上一晚。城牆保存得非常完整，1367 年完成的聖方濟教堂（Basilica di San Francesco）分為上下兩層，內部的壁畫囊括當時最優秀的大師：喬托、戚瑪布耶、羅倫哲蒂與西蒙馬蒂尼。下層壁畫描繪聖方濟的生

1. 山城阿西西
2. 阿西西的聖女奇亞拉教堂

平事蹟，上層則是舊約與新約的聖經故事。古城的心臟為市政廳廣場（Piazza del Comune），明內瓦神殿（Tempio di Minerva）的列柱就是羅馬曾經征服過的痕跡，而聖魯菲諾（San Rufino）才是阿西西的主教堂，距新門不遠的聖女奇亞拉教堂（Santa Chiara）與聖方濟遙相對望，是方濟修女會的重心。

涼意陣陣襲來，山城也恢復了原本沉靜的面貌。走在彎曲的山路，我發現地上堆著厚厚的落葉，原本茂密的大樹如今褪成蒼勁的枯枝，秋天的面貌是如此地明顯，在台灣我從沒感受過四季的變化，似乎只有冷跟熱的區別；來到這座亞平寧的山城之後，某些感官也跟著甦醒了，我聽見了大自然的聲音。我也換了新的住宿，不過這次是靠自己找到的，因為當初前來義大利的時候就是「單槍匹馬」，這裡雖然有一些台灣學生，不過全是學音樂或設計的，他們彼此在國內的時候就是學長姐與學弟妹的關係，來到這裡很自然地就會經常混在一起。而我原本的公務員身分，來到這裡根本就是「前無古人」，所以一切只好自立自強。不過這倒也不是什麼壞處，因為到銀行開戶、申請電話、甚至連柴米油鹽醬醋茶……這些生活非常基本的「芝麻蒜皮」全都成為學習課程，讓我感覺整個人好充實，很多沉睡已久的神經再次被喚醒，「活著」就應當如此！

也因為這樣，我開始接觸到「真正的」義大利人，像是銀行的櫃檯、移民局裡的警察、市場裡的菜販、擁有許多房產的房東……，當然還有異性友人！夏天像候鳥一樣來山城的歐洲年輕學子也換過一批，目前我班上的同學幾乎以年長者居多，而且大部分都是神職人員，有的來自印尼、有的來自馬來西亞、有的來自印度……黑鴉鴉的一片！我和另一位希臘男生變成全班「最白」的兩位學生，也是少數的塵俗之人。由於沒有其他歐洲「先進」國家的威脅，這位希臘同學開始睥睨了起來，而且把觸角往外延伸，跟我們很少互動。於是我成為唯一的「羔羊」，這些來自東南亞的「牧羊人」對

我可是疼愛有加，而且我和這些充滿慈愛的神父們一起上課、遠足，不必彆扭，真是輕鬆多了……。然而我又不禁反思，難道我一直放不開的舉止，讓我變成了愛情的侏儒？

其實我不自覺的「凜然」神情，在台灣的時候，經常會嚇跑潛在的追求者，我也希望自己能夠變得平易近人一點，不過這談何容易？因為我不是一個害怕寂寞之人，對個人空間的要求又極為嚴格，除非對方能夠「孜孜不倦」，要不然要如何接近我？因此過去我的男朋友不是同學、就是同事，被周遭的大環境強迫得在一起，然後才慢慢發展出其他的情愫。電影或小說中所描寫的男女主角不小心「碰撞」而擦出愛情火花的情節，在我看來，根本是天方夜譚，「一見鍾情」更是不可能發生在我身上，因為那太虛幻、太不切實際了！

我與這位義大利男生的認識過程也非常平凡。在我初到山城不久，便碰到在異鄉度過的第一個生日，為了感謝那位素昧平生的台灣女孩替自己覓得居所，於是我買了蛋糕邀請對方來家裡，不過當晚出現的不止「主客」而已，那個台灣女孩的義大利房東也跟來了，還帶了一位友人一同出席。整個夏天，我忙於適應新環境，彼此沒有更進一步的互動，而且外國學生太多，本地人的聲音反而整個被淹沒掉了。如今小城重新回復生活基調，那天我匆匆趕往菜市場時，竟然在法院門口與那位友人不期而遇……。

「啊……好久不見！」對方感到很意外，因為直覺我應該也像候鳥一樣飛走了！

「對呀！你在這裡做什麼？」三個月的「集訓」，現在我也可以「簡單對話」了。

「因為我準備要開一家店，來這裡申請文件。」

「我搬了新家，有空歡迎來坐坐！」

　　我給了對方新家的住址，義大利人說隔天晚上九點會去拜訪，於是這段友誼就這樣自然地發展下去，彼此也都沒有刻意。而我的新居也是在「不刻意」的情況下找到的……有一天下午沒課，我和台南女孩在廚房喝咖啡時，從窗戶鑽進來一顆頭……。

「妳們是台灣人嗎？」

「對，妳也是吧？聽口音很像。」

「嗯，我就住在對面，晾衣服的時候正好聽見妳們在聊天，真巧！」

　　這時我才發現這幢老屋的五樓竟然有個天井，而且和隔壁的建築相連，不過那塊露天空地是屬於對面的，所以沒有門互通。之後那個叫斐德莉卡的台灣女孩介紹了她的義大利房東，得知這位瓦倫提娜太太在貝魯佳市中心買了三間公寓，專門出租給學生，而且裡面都只有兩間臥室，所以頂多只能住三個人。由於我希望居住的環境能夠單純化，要不然我的私人空間老是遭受威脅，於是當海蓮娜、蘿拉、摩西、默斯達法、還有台南女孩紛紛離開那幢老屋之後，我也「不刻意地」走了。我不知道這種「不刻意地」，即將影響到我的未來……。

亞平寧山的角落：史貝婁 (Spello)

史貝婁位在舒巴濟歐山下的地理位置，玫瑰色石屋的特色為這座規模不大的小城染上與阿西西聖城同樣迷人的風景。老市區的中心共和廣場（Piazza della Repubblica）有十二世紀的公共王宮（Palazzo Comunale），主要大道兩側的大聖母教堂（Santa Maria Maggiore）、聖安德烈教堂（Sant'Andrea）與聖羅倫佐教堂（San Lorenzo）造型很簡樸，這就是溫布利亞的味道。最引人遐思的反而是小小的古徑、無名的拱門以及兩端以十二邊形高塔加固的維納斯門（Porta Venere）。

1. 史貝婁以兩座高塔加固的維納斯門
2. 古意盎然的史貝婁

門鈴的上方塞著一張紙條，我拿下來打開，上面寫著：「我九點的時候按了門鈴，妳不在家……馬可。」新居只有兩間房，我租了其中的單人房，另外那間雙人臥室仍空著。說是「新居」，其實也至少有五百年的歷史了。這幢緊鄰中古世紀城門的老屋，每天公車頻繁地穿梭，根據東方的風水來看，根本是路沖！然而義大利人卻一點也不在意，一些原本很嚴謹的價值觀在我心中逐漸瓦解，很多在台灣感覺非常嚴重的事情，常被這裡的人嗤之以鼻，我覺得生活輕鬆多了。

回撥對方留在紙條上的電話號碼，也不想編任何理由，就直接老實地說在朋友家聊天聊到忘了。

「那……這個週末有空嗎？」

「有啊！」

「我們出去走走。」

義大利人是比較大膽勇敢的，若是東方的男生，可能就此石沉大海。到了約定的時間，門鈴響了，我跑到窗邊往下一探，是馬可沒錯。古老的大樓沒有電梯，傍山而建，擁有很好的視野。在那段經常遭遇外族入侵的黑暗時期，防守是重要的，採光是次要的，我的房間剛好位在外側，不管是眺望遠處的風景或是判別樓下的訪客都很方便。我鎖上房門，踏著傾斜的石梯下了樓。

溫布利亞大區不靠海，境內有片非常遼闊的淡水湖，車子開到

湖邊山丘上一座廢棄的碉堡，天色早已昏暗了。兩個人雖然認識，不過這是頭一遭單獨出遊，因此話不多。碉堡有座細細的高塔，馬可帶著我往裡面走，我沒有異議地跟著，反正這裡是對方土生土長的地方，應該是有某種可看性。被石塊完全封閉的空間只有一盞微弱的燈光，而且就設在入口處。僅容一人爬行的狹窄旋轉梯往上延伸，看不到盡頭。

「要上去嗎？」馬可問。
「好啊！」我不假思索地回答。「上面有什麼？」
「我也不知道，從沒去過。」

好刺激啊！我不由得燃起一股想要一探究竟的慾望，便一馬當先爬了上去。這道鐵鑄的樓梯應該是現代的產物，每階的距離固定，軸心筆直，所以方向也不會變，只要一直向上就成了。塔頂不孤單，早被一對年輕的義大利情侶攻占，馬可跟在我後面上來，只說了句：「原來上面長這樣！」

我不禁懷疑這句話的真實性，然而那雙澄澈的藍眼瞳「晴空萬里」，看不到一絲烏雲，我相信了。義大利人的個性不太拐彎抹角，這點讓我非常欣賞；東方人的壓抑經常會在內心累積情緒，爆發時所造成的傷害反而變得無法彌補。一輪新月高掛天空，四周寒星點點，遠處是靜謐的湖泊……，接近大自然是好的，這個民族很少躲在家裡「修身養性」，而是張開五官，努力接收周遭環境的訊息。

隨著夜色的籠罩，氣溫也跟著降低，那對小情侶決定下樓。寒意逼人，我冷得直打哆嗦，就說：「我要下去了！」

亞平寧山的角落：史伯烈多 (Spoleto)

史伯烈多可稱得上是溫布利亞大區最具象徵的城市，因為羅馬人曾在此築城，並且中古世紀的蠻族倫哥巴底人亦在此建立公國。老城區往山上爬升，街道彎彎曲曲，彼此以階梯串聯。心臟地帶在乾泉路（Via Fontesecca）與市集廣場（Piazza del Mercato）這一帶，政治性質的公共王宮（Palazzo Comunale）和地標溫布利亞羅馬式建築的主教堂（Duomo）都在這裡。位於特西諾河畔峭壁上的碉堡（Rocca）與橫跨河谷地的塔橋（Ponte delle Torri），則是十四世紀在溫布利亞很有權勢的紅衣主教阿彭諾茲下令所建。

1. 溫布利亞羅馬式的史伯烈多主教堂
2. 史伯烈多充滿民生況味的市集廣場

「等一下！我走前面。」

我不知道馬可為何要搶在我之前？漆黑一片的塔樓內部，伸手不見五指，只聽見「先遣」的小女生一直大聲叫著：「救命啊！好黑哦！好可怕……」這三句話不停地重複著，小男生溫柔地回答：「別怕！我在這裡……」其實伸手就可觸及四周冰冷的石牆，中間還有一根堅固的鐵軸，閉著眼睛都可以走下去，有什麼好怕的？突然間我覺得腳底下有個軟軟的東西，只聽見馬可低低的一聲……。

「哎喲！」
「怎麼了？」
「妳踩到我的手了……」
「你幹嘛把手放在樓梯上？」
「我想牽妳，這裡太暗了！」
「不必，我自己會走！」

我就是沒辦法撒嬌，我就是喜歡「自立自強」！走出高塔，小男生緊緊摟著女朋友：「別怕！別怕！已經出來了……」馬可卻是揉著手指，我只希望自己的體重不會把它踩扁。西方的騎士精神，我今天終於親自碰上，然而我不是公主，黑暗的高塔根本嚇不了我，也關不住我隱藏的個性，然而那雙藍色的眼珠裡面隱藏了神祕的風景，讓我的神經不自覺地過敏了起來。

1. 史伯烈多建於中古世紀的塔橋
2. 史伯烈多老城區的手繪陶瓷店

　　亞平寧山的冬天真是冷得教我直「跳腳」！中古世紀的石屋沒有鋪地毯，天花板又挑得老高，舊式的暖氣管根本發揮不了任何作用，還燒掉了一堆瓦斯，這簡直跟「燒錢」沒有兩樣！也是來到義大利唸書之後，我才發現到能源的珍貴。雖然第一年的費用是以自己上班時的儲蓄來支付，但目前我的收入歸零，瀟灑的出走中總是會伴隨著某種程度的恐懼。我無法像那些歐洲或是來自北美的年輕人一般，在當地找個打工性質的勞力工作來自給自足，是因為東方的「士大夫」教育方式？還是「坐過辦公室的白領階級」思想作祟？有些身段我就是放不下！

　　小城的規模不大，很快地我便與在這裡求學的大部分同胞相遇了。因為沒有邦交又非正式國家的尷尬地位，要來義大利長期讀書的台灣學生只有先申請貝魯佳國立的外國人語文大學，才比較容易獲得簽證的許可。由於這種帶點「被歧視」的因緣，我與這群若是自己沒有反動靈魂、在我原本平順的生活中絕不會碰上的朋友認識了！這些人的背景與我完全不同，充滿了對藝術的熱愛與執著。我回想起自己在小學那段不受升學壓力的快樂歲月，繪畫與勞作課總是我的最愛，「動手做東西」會讓我感到莫名的滿足。然而在面對聯考時，這些被社會集體價值評斷為「毫無出息的技藝」就只好硬生生地放棄掉！如今面對這群「忠於自我的勇士」時，我才感覺到無法對自己真實喜好理直氣壯的心虛，原來我過去生活的世界是如此地「僵硬」與「狹隘」……。

由於在台灣沒有這麼寒冷的季節，而現在居住的小山城冬天下個幾場雪卻是稀鬆平常，我們這群來自亞熱帶的「土包」便興高采烈地計劃週末到山上滑雪去。寒冬的下午是非常容易起山嵐的，而且我們要去的場地搭車至少要花一個鐘頭以上，所以大家只好硬著頭皮來趕清晨第一班長程巴士。鬧鐘響起時，我睡眼惺忪地跳下床，刺骨的寒意從腳底經由敏感的神經迅速往上傳，立刻就把我的頭腦「凍醒」……。唉，滑雪真辛苦！

　　清晨五點多，我踽踽獨行於中古世紀的小徑，地處緯度比台灣高的貝魯佳仍是漆黑一片，這種感覺很奇怪。從大學時代我就沒有熬夜的習慣，即使在大家如火如荼準備期中、期末考的前夕，我仍是維持最遲夜半十二點鐘之前就寢，那是天生的「生理時鐘」使然。來到義大利之後，夏天的日照時間長到令我「大開眼界」，很多候鳥學生幾乎狂歡到天亮，但我仍像「老僧入定」般地安然入睡，或許我並沒有

進入挪恰的城門

如自己想像中那麼野吧！這座小山城已經有兩千多年的歷史了，最早奠基的亞突路斯可人被羅馬帝國征服之後，奧古斯都大帝在他們的舊城牆上蓋上一座新城門，我穿過這道位在由十八世紀的宮殿改成的語文大學旁的時空界限，氣喘吁吁地往市中心爬，清潔車早已在大教堂旁洗街，其實古城仍是有它的脈搏，只是用一種比較緩慢的節奏在跳動，這種隱隱的磁場，急躁的人是感受不到的。

　　來到半山腰的巴士站，大家都到齊了。這群新認識的台灣朋友頗有深度，他們在出國之前都已在職場歷練過，其中大部分是從事設計方面的工作，因此決定花一年的時間在貝魯佳把義大利文的基礎打好，之後再到北方流行資訊的首善之都米蘭就讀正式的學校。當然也有未經社會洗禮的單純小孩，來此研習聲樂，這是一門我完全無從置喙的科目，因為在我過去的求學經驗當中，這在就業市場，簡直被認定為「死路一條」，現在竟然有人義無反顧地大老遠跑來學習！面對這些美學上的「巨人」，我曾經有過的教人豔羨的財經背景，如今卻變得「微不足道」！來到義大利唸書之後，不只原本的急躁步調，連價值觀都要重新調整了。

　　溫布利亞是中部不靠海的大區，境內全被亞平寧山盤據，巴士沿著蜿蜒的山路緩慢繞行，晨曦也逐漸升起。一陣「地老天荒」的九拐十八彎之後，巴士在一處山坳停息，大家陸續下車，在此轉搭另一路巴士上山到滑雪場。天哪！剛剛我們乘坐的是「時光機器」嗎？怎麼有座城門躲在這人跡罕至的山裡？我忽然間想起大學時代看過的一部電影《失去的地平線》：一群在現代社會中遭遇生活難題的男女搭乘的小飛機迫降在喜馬拉雅山某處，冰天雪地之中穿過一條奇怪的隧道之後，卻瞬間「柳暗花明」起來，原來他們走進了傳說中四季如春、卻與世隔絕的「香格里拉」……。反正有二十分鐘的轉車間隔，於是大家便好奇地往城裡走去。

亞平寧山的角落：挪恰（Norcia）

挪恰隱身在溫布利亞國家公園席比利尼山（Monti Sibillini）底下，規模非常小，只要半小時就可走完，但卻是很重要的「聖人之地」。聖本篤（San Benedetto）與雙胞胎妹妹聖女史可拉斯提卡（Santa Scolastica）於西元480年誕生於此，他創立西方最古老的修會，寫下整個中古世紀修道院遵循的「規則」，因此挪恰的心臟便是聖本

1. 挪恰的市區很小巧
2. 挪恰的心臟聖本篤廣場

篤廣場（Piazza San Benedetto），同名教堂與公共王宮（Palazzo Comunale）以及銀製聖母主教堂（Santa Maria Argentea）都在這裡。不過此城最負盛名的除了聖人以外，還有松露及醃製肉品，甚至「norcino」已成為優質豬肉的品質保證。

「哇，這座小城夠酷！不到十分鐘就走完了。」

「你們看！到處都是火腿和松露耶。」

「下次一定要找個時間來這裡好好走走！」這是我和自己的約定。

接下來上山的車程就很快了，不到半小時的光景就把我們載到白雪靄靄的世界。這麼一大片的白色結晶簡直把大家樂壞了！趕緊跑到小木屋去租滑雪屐，我們這群從沒滑過雪的亞熱帶居民一陣手忙腳亂，終於穿好時，雙腳根本就動彈不得。這種「重裝備」大概重達好幾公斤，堅硬的直筒靴是為了保護腳踝，不過卻讓大家無法彎曲地像機器人般在雪地中困難地步行，於是我們這群人便決定先在給小朋友玩耍的緩坡練習練習，再看看後續要怎麼玩下去。

我不是個喜歡經常往外跑的人，半年多的山城歲月也讓我逐漸抓回平實的生活基調。我發現義大利的電視頻道在週末會轉播很多種運動比賽，看著、看著……竟然也愛上了！在台灣求學時代，體育課似乎是一種「附屬」的身分，不會受到多大的重視，逼近聯考的時候，甚至會被「犧牲」掉，拿來對各種考試學科做加強集訓的運用。我一直被當成「會讀書的料」，這種人被定義成「文士」，而不是「武將」，不過東方社會對「文武雙全」也不怎麼鼓勵，「書本」行的總是比較吃香，也好像比較高級。其實小時候我是很會「爬」的：爬牆、爬樹、爬竹竿……直到七歲那年我跌斷了左手，從此才對運動產生心理障礙，加上也沒人會覺得這是個什麼大問題，反正體育課只是跑跑操場、打打球，無須增進任何技巧，只要「會考試」就好。終於在大學畢業那年、等拿到證書就要前往分發機關上班的空檔，我的人生不必再考試了……萬歲！借了同學的變速腳踏車到新建完成卻尚未開張的木柵動物園前面的空地去自由馳騁一番，當單車順著斜坡往

下俯衝的瞬間，那份速度的快感讓我多年的壓抑解放了。

　　來到義大利之後，我發現運動在這裡竟然成為一種可以「謀生」的職業！我面對「使用肢體」時的缺乏自信，並沒有讓我失去觀賞比賽的樂趣，尤其是競速方面的項目。從重型機車側面的鏡頭所拍攝的「壓著彩虹條」、膝蓋幾乎觸地的急速行駛電視畫面，雖無法「身體力行」，但我卻非常欣賞人體在速度與彎道的雙重考驗之下，所呈現出來一種極度張力的美感。最近的摩托車賽出現一位名叫羅西的義大利明日之星，看著記者對他的採訪，我心裡產生矛盾的評斷標準：在台灣他鐵定會被視為「飆仔」！我可是極端痛恨那群故意把引擎爆出惱人的噪音、在馬路上「視若無睹」亂闖的不良少年，因為這種表現青春的手段實在太粗糙又沒大腦。不過這個尚未「變聲」完全的毛頭小子真是有兩把刷子！超車時的冷靜與強勢切入的技巧，這才是追求速度快感的「智者」！另一項讓我著迷的就是坡道滑雪賽了，我不喜歡「花式」的東西，因為重力加速度與轉彎才會看到肌肉與肢體的緊張之美。可是「極速」也需要「青春」，因為只有發達的賀爾蒙才能克服對潛在危險與發生意外的恐懼。

　　我雖然還沒老到內分泌停擺，不過「書桌與辦公桌」早就磨掉很多運動細胞與嘗試的膽量。緩坡不陡，但第一次穿上笨重的滑雪屐，尚未做好心理準備就讓人措手不及地自動往下滑，腳底下完全沒有磨擦係數，根本就停不下來，緩坡的終點又是看不見底的山崖……，趕快側身一倒，雖然停了下來卻爬不起來，用力踢掉滑雪屐之後才有辦法自由活動。抬頭一看，同伴們全都用這種姿勢「剎車」，倒臥在「雪泊」當中。反觀那些年齡還在個位數字的義大利小孩，卻老練地一隻腳固定、另一隻腳迴旋，輕輕鬆鬆地就在我們這幾個「老大不小」的亞洲人身邊漂亮地剎住，還好

挪恰最有名的土產

奇地盯著這些「倒地不起」的外國人。似乎是躲藏在心底的反動靈魂又被喚醒了一般，我頑固地把笨重的滑雪屐扛在肩膀上，舉步維艱地往斜坡頂上爬，然後一次又一次地在崖邊倒臥……。終於抓到訣竅了，也像周遭那些小朋友來個迴轉、瀟灑地站立剎住，我高興地叫了起來！原來我也可以控制自己的肌肉，展現人體的力與美。上帝公平地賜予每個人類同樣的構造，只是之前一直不被鼓勵來使用它們罷了！

　　不過那群學設計的同胞比我還大膽，決定去搭纜車挑戰真正的滑雪道，而我還是有著深厚的公務員保守性格，能夠不必「自動跌倒」來剎住，就已經是成功的一大步了，幹嘛還要繼續挑戰自己？記得在高中時有一位歷史老師一天在上課前，莫名其妙地在黑板上畫了三個圖：圓形、三角形與四方形。她要學生在紙上依據這三個形狀天馬行空地發揮，也不訂定任何規則，然後就收走。原來她是要看看大家的想像力，有些人會不受圖形的限制，顛覆到連原本的形狀都看不出！但我這個課業成績很好的學生，卻只會在框框裡作畫，或許我也只是個只能在別人規定的小世界裡「作怪」的份子而已，當真的能夠身處於毫無框架的天地中時，我倒是「規矩」了起來……，還是我需要某些不合常規的激勵來啟發呢？

馬可是個土生土長的溫布利亞人，但已經脫離學生生涯進入職場，所以我們約會的方式經常都是「共進晚餐」。他會開著車帶我到樹林裡去吃鹹派、到阿西西聖城後山去吃烤肉、到塔西梅諾湖畔去吃淡水魚……算是比較「社會階級」的舉動，因此義大利一項非常平凡的日常生活習慣也納入了我的「眼界」之中，那就是葡萄酒。

在台灣，喝酒被定義為一種不良的行為。在我過去參加的宴席經驗當中，也實在沒有留下什麼好印象：男生拿著啤酒瓶到每一桌去乾杯，不一口氣喝完就是不給面子……，我實在搞不懂這算是哪門子的「禮儀」？現在和這個純樸的鄉下人出去吃飯，每餐都要點酒，剛開始總是不太適應，因為強烈的道德批判會油然而生。不過後來我瞭解了，原來有些食物可以靠葡萄酒來「相得益彰」！漸漸地，我也愛上這種神奇的飲料，因為它似乎會打開某個平時很難去觸摸到的開關，這個按鍵或許是隱藏在靈魂的深處，而酒精正好就是能夠讓它解放的觸媒，當我處於醺然的狀態中時，理性的壓力閥被旋開了，感性就趁機跑出來「發洩」一番……。

「你們義大利文的動詞變化好難啊！」
「真的嗎？這我倒不曉得。」

他當然不曉得！因為那是他的母語，用它來溝通就像呼吸

一般自然，這簡直就是交感神經的運動！不必經過大腦的層層思慮與分析，而且也不用為了判斷事件發生的時間點而猶豫不決，到底該用現在式？現在進行式？過去式？過去完成、還是未完成式？條件式？未來可能、還是根本不可能完成……。每次和周遭的朋友對話，我老是結結巴巴地想個半天，結果句子說得斷斷續續又不完整，最後乾脆直接用「原型動詞」算了！再藉由身體語言的直接輔助，讓頭腦的負擔能夠減輕一點。沒想到來義大利之後，連「說話」都得學習！東方學生經常把文法背得滾瓜爛熟，可是這些規則卻也成為絆腳石，把原本想表達的情緒堵在喉嚨中間，最後還演變成「詞不達意」的反效果！反觀那些西方學生，誰會那麼認真去背課文後面的動詞變化列表？語文是用來「溝通」、而不是「研讀」，勇敢地講出來就對了！或許他們的語系比較接近，很多結構與用法根本就相差不遠，不過凡事「身體直接力行」、遇到錯誤再立即更正的行為模式，這倒是我非常嚮往、卻一直鼓不起勇氣去做的嘗試。

想不到葡萄酒輕易地就替我解決了這個惱人的「猶豫不決」！喝下兩杯之後，酒神把按鈕打開了……。我沒有喪失理智，卻怎樣也管不住自己的嘴巴！和馬可滔滔不絕地談論起來，而且還是用義大利文！好像用說的還不足以表達突然間「風起雲湧」的思潮似地，我甚至拿起餐巾紙寫了起來，這一刻文法的桎梏完全綁不住澎湃如泉湧的情感，加上酒精的推波助瀾，一下筆簡直「如有神助」……。

據說酒神迪歐尼索的初戀是一名男孩安佩婁。他們在河濱玩耍時，酒神總是凝視著男孩披肩的長髮，以及當他從水裡出來時身體所散發的光輝。然而有一天男孩騎上一頭公牛被猛摔在地，牛角還深深刺入他的肉體，當酒神找到躺在塵

0
7
6

獨走20年，

義大利，

土中血污的安佩婁時，男孩依舊俊美如昔。酒神不可以為凡人哀悼，因為他的天性不適於眼淚；酒神也不可以隨著凡人到地府，因為他是不死之身！然而迪歐尼索現在卻為安佩婁哭泣，這是一種即將改變他的天性和這個世界本質的徵兆，於是男孩被變成了葡萄樹，這時酒神才恢復過來。當從安佩婁身體長出的葡萄成熟時，他摘取第一串，用手溫柔地擠壓，看著被染紅的手指，然後舔著它們，心想：安佩婁，你不幸的結局證實了你身體的燦爛！即使已死，依然沒失去你那玫瑰紅的顏色！沒有任何一位神祇，即使是雅典娜和她那質樸的橄欖、甚至是麥神迪梅特拉和她那堅強的麵包，也不具備與此液體類似的魔力！那就是我們生命中所欠缺與期待的感覺……陶醉！

理智主宰了我二十多年的人生，甚至讓我對許多切身的感覺採取漠然以對的態度，或許是淺意識的自尊在作祟，一層外人不易進入的防護網牢牢地罩住自己，雖然安安穩穩地不受傷害，卻也隔絕了體驗奔放感受的美好。如今酒神讓我在不知不覺中自動地卸下心防，我曾經努力嘗試了好久，因為我不知道「罩門」暴露在外，若被人破解了，自己到底有沒有能力修復……。

隔天，我倒是對自己的「感性」驚訝不已，那張餐巾紙竟然被好好地收進皮包裡，仔細一看，上面的動詞變化完全正確！或許我不該讓課本的文法來限制聊天的愉快，某些時候也該適當地讓「理性」減減壓吧！

亞平寧山的角落：奧維耶多（Orvieto）

1. 奧維耶多中古世紀風格的主教堂
2. 奧維耶多帶有摩爾風味的高塔

奧維耶多的市中心群聚於台地上，景觀和拉濟歐（Lazio）北部的突霞地區（Tuscia）古城類似，因為這裡也曾是亞突路斯可人的城市，而且又位於溫布利亞的邊陲。老城區的心臟雖然在建於十三世紀的主教堂（Duomo）這一帶，但奧維耶多教人驚異的卻是另外兩處：山上纜車站旁的聖帕特利吉歐大井（Pozzo di San Patrizio），這口特別為羅馬教皇來此避難時所鑿的水井，依據達文西的發明闢出不會相撞的兩道迴旋梯。還有就是亞突路斯可人喜好地下建築，因此奧維耶多很多民宅都有自己的洞穴，用來當成燒陶器的工作室、存放麥子或橄欖油或葡萄酒的貯藏室，洞下還有更老的洞而造就「奧維耶多的地下世界」。

1. 奧維耶多的地下世界　　2. 奧維耶多的聖帕特利吉歐大井
3. 奧維耶多老城區建於凝灰岩台地上

鄉下的義大利人

我的房東瓦倫提娜是位和藹可親的中年婦人，在貝魯佳的老市區擁有三間房產，精準的投資眼光讓她靠收租就能夠過著悠閒的適意生活。不過她也是相對地付出令房客感到窩心的關懷，每個月還會親自來替我們更換乾淨的床單，所以大家彼此介紹，於是她的房間幾乎大部分被台灣學生給「占領」了。

「下個週末我想邀請在貝魯佳唸書的台灣人到我郊區的房子去聚餐，不過要你們的『大廚師』做飯哦！」

因為並沒有限制只有租她房子的人才有資格去，所以呼朋引伴地來了十多個，而瓦倫提娜也大方地命令她的先生開車分批把台灣學生載到郊外的農莊，大家都非常興奮，因為此舉可以真正走進義大利人的家裡。那是一幢石頭砌成的兩層樓建築，格局不是太方正又位在小緩丘上，四周被葡萄園與橄欖樹包圍，房屋的牆上還爬滿薔薇藤蔓，碩大艷紅的花朵成為毫無人工匠氣的自然裝飾，我好愛義大利人這種隨意的美感，信手拈來都是一幅充滿詩意的畫作。沁格的家人在台北原本就開了一家義大利餐廳，所以掌廚的當然非他莫屬。

「瓦倫提娜，我需要蕃茄！」
「沒問題！」
「瓦倫提娜，我還要兩顆雞蛋！」
「好，我去找！」

「找」？竟然不是「我去買」！原來在石頭屋外的矮樹叢裡放

養著幾隻雞，只見瓦倫提娜伸手往裡一探，就抓出兩顆雞蛋，然後再到菜圃裡拔下幾粒顏色極為鮮紅的蕃茄，一切馬上搞定！至於兩隻番鴨，瓦倫提娜早就宰殺處理好，而且還用大剪刀把鴨頭剪掉，所以一個小時以後，大家便坐上由兩張長桌拼成的大餐桌享用「台義交錯烹調」的豐盛午餐。溫布利亞的鄉下房子室內並沒有採用大量的鋼鐵材質，「木」與「石」所組成的不筆直格局，讓整個環境瀰漫著溫暖的氣氛，而且這些從小就在這裡成長的居民對自己的生活方式極為自豪，大城的便利與時髦絲毫不影響到他們的堅持，「眼睛不亂看」的習慣真好！驕傲起來都非常地理直氣壯！而我的矛盾也經常因此而產生：馬可的家亦是典型的農村石屋，也位在柏油馬路盡頭、泥土小徑終點的小土丘上，他那位偉大又能幹的母親總是對著我說：「你們那裡一定沒有！」是啊！可是台北有現代化的高樓大廈、24小時不打烊的便利商店、不必撿雞蛋、採蕃茄……你們這些鄉下人知道嗎？我也有我的驕傲啊！然而這根本不能怪他們，台灣？在哪裡啊？東方除了日本以外，其他的國家都很貧窮又落後，這就是這些純樸的農夫對我的認知。

依據我過去在職場上的態度，我根本不會去理會這種無知的人；但是來到義大利之後，我卻開始在乎別人對我的看法了！為何會變成這樣呢？而且我的國家意識也變強了，當我周遭的外國朋友不曉得「我從哪裡來」時，我會去解釋、說明：台灣很進步、人民生活很富裕、每個家庭幾乎都有私人轎車……跟日本很像！最後我還是搬出「日本」了，因為我覺得這樣的比喻，對方才會有「實體」的想像，然而義大利人卻只是微笑點頭，他們並沒有「被說服」。我幹嘛如此大費周章呢？那群在貝魯佳學語文的台灣同胞也遭遇到跟我同樣的處境，反應也和我「如出一轍」，甚至還要「拿錢去砸死他們」！現在我終於可以體會當初克羅埃西亞女孩海蓮娜的心情了！同樣是來自遙遠的東方，日本人根本無須去強調自己的國家多有錢，而且

還「卑躬屈膝」地努力學習義大利人的生活與文化；韓國人卻是無時無刻不在「大聲疾呼」朝鮮的科技，然而馬可還是認為日本的電子產品比較可靠……這個最平凡的義大利鄉下人的直覺反應就說明了一切。

　　我還發現義大利人的愛情觀是比較屬於直覺性質，事先不會做過多的理性分析，對這個人有好感就大膽行動，而不會想東想西地裹足不前，反正試了以後才會知道合不合適，要不然永遠都是椿「懸案」，可能還會成為一輩子的遺憾呢！馬可的努力嘗試讓我的心防逐漸瓦解，也讓我對一般人所謂「義大利人都很浪漫」的說法重新定義。這個人不會把「愛」掛在嘴邊，也從沒送過花給我，而是帶我直接走入他的生活模式：一對慈祥的父母親、一位已婚住在附近的大姊、弟弟與活潑的女朋友是他的工作夥伴，還有一隻年老且瞎了一只眼睛的波斯貓。地下室停放著一輛耕耘機，自家釀的橄欖油與葡萄酒也存放在這裡，需要用到時就拿著空瓶來打到餐桌上或廚房裡。百分之八十的食物幾乎可以自給自足的生活條件，讓我大開眼界、卻也同時感到畏懼！這些人對「高度工業化」的慾望是很低的，然而很不巧地……我正是來自那樣的世界！他們根本一點也不欣羨我從台灣帶來的那部效率很好的手提電腦，反倒是我開始被對方緩慢的鄉村生活步調所吸引。而且「家族」也是難以跨越的藩籬，這幾個義大利人彼此之間的緊密親情，彷彿築起一道隱形的銅牆鐵壁，形單影隻的我完全攻克不了，進不去他們的世界。

　　戀愛只是一時的激情，最終還是會回歸本性。義大利人有一種「順應自然」的本能，我這時才體會到為何他們能活得如此自在。面對如今「豬羊變色」的弱勢局面，回到古老的石屋住處讓我感到驚慌失措，於是我提起行囊開始到處旅行，卻不知道這是上帝為我打開了另一扇窗……。

亞平寧山的角落：鄉下

溫布利亞是個城鄉差距不大的地方，而且自從十六世紀成為教皇國屬地之後，因為是交通隘口和要道，所以以實用性質的要塞建築為主，整個大區沒有特別突出的城市規模，景觀又很「中古世紀」，濃濃的鄉村風味倒成為現代講求快速效率社會最獨樹一格的特色。這裡有很多的小莊園，外面圍繞著葡萄園與橄欖樹，不遠處可能

1. 位在阿西西附近的柏樹農莊
2. 溫布利亞的鄉下，食物幾乎自給自足

是一整片的葵花田；石砌房舍的旁邊闢出一小片菜圃，種植蕃茄、苦味菠菜、洋蔥，六月份再到山裡面採野生櫻桃、小型莓果……以便自製果醬，溫布利亞人頗享受這種步調緩慢的鄉間生活。

驀然回首，我已是老貝魯佳人了。三年多的時間，物換星移，最初認識的那群台灣人早已奔向米蘭、威尼斯、翡冷翠、羅馬等大城；新來的學生一批又一批，除了留下來就讀當地音樂院的，經常待不到三個月就離開，但我根本也無暇去理會，因為我有自己的生活重心。來到義大利之後，我的人生似乎才慢慢打開，一個環節扣著另一個環節，有一隻無形的手在推著我走，還是為我在前面鋪路？我不想去追究，過去我就從不對未來規劃長遠的藍圖，現在更是本著「船到橋頭自然直」的大無畏精神，反正放膽踏出去，其他的碰上了再說。

外國人大學最高級的文化組課程，讓我鑽進了義大利的「真皮組織」，於是我決定留下來把它瞭解透徹，曾經因就業市場考量而放棄的「想要」，現在終於真的實現了！而我的班上也不再是來度假的西歐候鳥學生，取而代之的是東歐鐵幕國家將來想要擔任義大利文教師的學員，以及在東京上班太緊張而決定來此放長假、轉換心情的日本人。相較於嚴謹的東方思想，我的個性是比較「不羈」的，因此那些重新成為學生的大和民族成員們，莫名其妙地欣賞我那股「不必太在乎」的輕鬆。然而我卻是怎麼也搞不懂這些曾經被高度講求效率社會壓得喘不過氣、因此而遠離家園來這座小山城再次思考生命價值的人，為何還不放過自己？探頭探腦地，就怕我在藝術史考試所選的「烏賓諾的維納斯」這個主題得分會比較高，唉……真煩！

不過和另外那些音樂人比起來，我可真是小巫見大巫了。由於位在山頭老城區的石屋冬天實在太冷，在能源費用極高的義大利，老舊的暖氣管燒掉可觀的瓦斯費，卻仍是教人在冰凍的地板上「跳腳」！因而我換到半山腰的新式公寓，大樓中央空調加上密閉式的鋁門窗，有時甚至得開門透透氣，才不會被太熱的暖氣給悶死！但最重要的是，收到帳單時驚嚇的程度能夠大大地縮小。我的室友就讀貝魯佳的音樂院，主修器樂鋼琴。然而困擾我的並非是對方練琴的聲音，而是那太隨興的豪放！我把這種特質定義為天賦，因為這名室友對感情的「毫不在乎」的確很令人驚嘆：同時與兩位異性交往，每週都要排好約會的時程表，以免不小心發生重疊而失去了其中的任何一個。

　　「因為我學的是藝術，藝術就是要不停地談戀愛，這樣才會有靈感。」

　　我不知道這種說法到底是藉口、還是女孩想要證明自己很有魅力的任性？然而百密總會一疏，愛神雖然不像雅典娜那般穿盔戴甲，但維納斯的反撲亦是具有某種程度的殺傷力。那天晚上女孩依照原定計畫要和義大利男朋友出去約會，卻在坐上車的那一剎那，一直躲在一旁的非洲人衝了出來，當場賞了女孩一記耳光！其實這名非洲男生我曾見過幾次，身手非常矯健，因為他從不走樓梯或搭電梯，而是直接由這幢建築物的外牆爬上我們所租的第六層公寓。我與女孩的房間相鄰，外面則是共通的陽台。一次我在廚房用完晚餐，由於節省能源費用的原因，大家都養成隨手關燈的好習慣，因此當我走回一片漆黑的臥室時，玻璃門外一雙冷白的眼睛差點把我嚇得魂飛魄散……。

　　「瑪莉在嗎？」

亞平寧山的角落：葡萄酒

溫布利亞產多種葡萄酒：白葡萄酒溫和、有時還帶些許甜味，例如擁有古老傳統的 L'Orvieto Bianco 以奧維耶多為主要產區，不過這款呈琥珀色澤的白酒渾厚帶苦味；至於源自希臘的葡萄品種 Il Grechetto 如今在溫布利亞非常普遍，是很好的開胃酒或搭配湖區淡水魚的餐酒。紅葡萄酒則結構強勁、酒體醇厚帶澀味，例如被羅馬史學家老普林尼提及的 Il Sagrantino 以

1. 溫布利亞最負盛名的 Lungarotti 酒莊
2. 專門用於釀酒的葡萄

同名葡萄品種釀成，而 Montefalco Sagrantino 還獲得 DOCG 認證；Il Rubesco 產地在托吉安諾（Torgiano），結構雄厚可搭配紅肉和野味。

「她……她出去了。」我結結巴巴地回答。

無聲無息地，那名非洲人又突然消失，但是從此以後，「飛簷走壁」就成為他來找女朋友的唯一捷徑。我一直搞不懂為何這名非洲人不循「正常途徑」上樓？難道這兩個人以為他們是羅密歐與茱麗葉嗎？這裡可是六樓耶！摔下去鐵定粉身碎骨，然而女孩似乎很享受這種「危險關係」，或許這就是青春吧！不像我，雖然感情陷入裹足不前的泥沼中，卻仍能如老僧入定般地從不缺課，馬可認為我冷冰冰地「只想過一個人的生活」，然而我的內心深處早就隱隱地直覺到對方母親的敵意，我沒有強悍的人格、也做不到委曲求全的卑微，所以只好如年輕時候般用讀書或工作來保護自己，畢竟我的自尊目前還無法向維納斯繳械。

那名義大利男孩在毫無預警的情況下，難堪地知道原來女朋友從頭到尾就是腳踏兩條船，非常傷心地離去，可是那個非洲男生卻在打了女孩之後，不知去向。女孩回到公寓後說我要報警，因為她覺得非洲人一定躲在附近某處，並準備對她不利。這齣歹戲到底要拖棚到何時？女孩從一開始就說：「那個黑人老是要來糾纏我，好討厭！」可是每次他爬到陽台，女孩又都打開自己的房門讓對方進去，我實在搞不清楚這名女孩到底在玩什麼把戲？如果想要找人炫耀自身的魅力，那她可是白費氣力、也找錯對象了！因為我這個「老太婆」根深蒂固的想法是：感情仍舊要講求忠貞，愛神還是值得敬畏！雖然這是我的原則，但我不會以此去評斷與要求他人，不過這次我下定決心要女孩做個了斷，因為我的個人生活受到太多的打擾：除了替對方擋電話以外，最教我無法忍受的就是陽台還經常會出現皮膚完全不感光的人類，來無影去無蹤地嚇人！

「妳打電話報警吧！」我毫不憐憫對方正摀著臉頰，因為那是女孩自找的。

「真的？可是我好害怕⋯⋯」

「就是害怕才要找警察。」我板起面孔，截斷女孩又想玩弄感情的曖昧。

　　硬逼著女孩打完電話後，我關進房間。自從第一次在黑暗中只能看見那雙眼睛的魅影之後，在太陽下山以後便把自己臥室開向陽台大門的外層捲板拉下。不久一閃一閃的紅色燈光從窗戶投射到天花板，警車來了⋯⋯。外面一陣騷動之後，又重新歸於平靜。隔天一問，才知前一晚那名非洲人真的攀爬在這棟大樓的外牆某處，見到警察情急之下，剛好發現三樓的住戶睡覺沒關門，就從人家的陽台鑽進去，然後搭電梯逃走了！我聽了真的很想笑，怎麼平時飛簷走壁，緊急時卻循正常管道了⋯⋯。原來維納斯是這麼幽默啊！

　　房東得知這消息，簡直怒不可遏，馬上把女孩趕走。一切恢復寧靜，現在我終於可以在陽台享受夕陽西下的儷人美景與滿天星斗的浩瀚夜空。不過那女孩的十根手指頭的確有魔力，因為由其間所流洩出來的音符非常地自由奔放，僵固的學理是綁不住它們的！我記得有另一位台灣女生，感情生活乾淨到幾乎與異性絕緣，獨居的空間一塵不染，甚至連調味瓶罐擺的方向都要一致！然而音樂院的大門卻始終不為這名律己甚嚴的女生而開。我曾經聽過對方彈琴唱歌，只覺得這個女生似乎很怕犯錯，音符叮叮咚咚地彷彿用機器設定「打」出來的、喉嚨也緊得放不開，連我這個門外漢都聽得很辛苦，更何況是那些音樂院裡的教授們呢？

　　理智與感情在藝術天秤上的比例怎樣才算完美？大概只有謬思女神能評斷了。

1. 酒莊附設的品酒處
2. 有些紅酒會換到小
橡木桶加強熟成

又該走了嗎？

晴朗的好天氣，從陽台往塔希梅諾湖（Lago Trasimeno）的方向望去，其實看不見碧藍的湖水，但我卻覺得視線超越了實體藩籬，彷彿與那片「溫布利亞之海」發生實際的接觸。溫布利亞這個位在義大利中部亞平寧山不靠海的大區，是我在異國生活的最初，最平凡的點點滴滴未來都會在我的人生旅程中留下最深刻的印記，我要如何拋掉這一切？每次到外地去旅行，當火車接近貝魯佳之前，我都會從車窗一直凝視塔希梅諾那一望無際的湖水。有一次，我從翡冷翠趕最後一班車回來，銀色的月光映在水波不興的湖面上，很寧靜、卻也很震撼，我永遠也忘不了當時心中莫名所以的悸動！

馬可倚著欄杆，對我的即將離開並沒有不捨，在彼此關係緊張

在溫布利亞移動

溫布利亞境內的鐵路鋪設完善，以首府貝魯佳為中心，區內火車可達阿西西、史貝婁、史伯烈多、奧維耶多。貝魯佳的火車站在山下，可利用迷你捷運或公車上到老城區；阿西西的火車站離市中心亦有些距離，也有公車上到老城區；奧維耶多則是利用纜車直接拉上老城區。至於古比歐與挪恰，則是以長程巴士和首府貝魯佳通連，巴士站位在半山腰的游擊隊廣場（Piazza Partigiani）。而貝魯佳和鄰近的托斯卡納大區首府翡冷翠以及拉濟歐大區首府羅馬皆有直達的跨區火車相連，行車時間前者約需兩小時、後者約需三小時左右。

新歡：米蘭 (Milano)

結束在貝魯佳的學業後，曾把米蘭列入新歡選項，考慮前往。因為這座義大利最時髦的大都會不是只有大教堂、艾曼紐二世迴廊、斯卡拉歌劇院、史佛乍城堡、精品區而已：白霧迷濛的冬夜，搭乘古老的 2 路街車搖搖晃晃地來到聖羅倫佐教堂，以希臘神殿列柱框出的門廳式露天廣場，很有冷列的歐洲味；盛夏的週末，大運河兩旁滿是用餐的米蘭人，就這麼慵懶地

1. 米蘭的斯卡拉歌劇院
2. 米蘭大運河畔的古董市集

癱在躺椅上；定泊在河上的小船改成熱鬧的餐廳，古董市集與素人藝匠小舖更是尋寶的好去處；14 路街車往北來到最寧靜的紀念墓園，四季各有不同風情，沉默的墓誌銘撫慰的不僅僅是愛人的心……。

米蘭的史佛乍城堡

的那段日子，我曾經恨過他，但如今這個曾經讓我心動的人就近在咫尺，我的心卻記掛著那一片遠在天邊的碧藍大湖！是我的自我保護機制又啟動了嗎？還是這個人只是我初次在國外生活許多感動的投射體而已？或者是，我也像義大利人一樣順著直覺在走？如果真是如此，那我就真的該走了，因為將近四年的時間已達我過去改變生活週期的極限，大學的修業證書都拿到了，這裡還有什麼好留戀的？

「幫我把東西搬下去吧！」我淡淡地說。

02
Capitolo

托斯卡納
（Toscana）

在我過去的生涯規劃中，絕對不會料想到有一天我會來到翡冷翠（Firenze）唸大學。我的人生似乎越來越不在自己的掌控之中，而且我發現如果自己想要緊緊地抓住某樣東西、或者是某個人、甚至是某種形式的生活，最後經常都會發生離目標越來越遠的結果。凡事不是應該要「一分耕耘、一分收穫」嗎？一直以來的信仰遭到粉碎，之前的努力瞬間變成徒然！若是以前仍在上班的我，就會開始檢討到底哪個環節出錯，然後孜孜不倦地加以改進。經過亞平寧山將近四年的「山居歲月」洗禮之後，我漸漸學會放手了，付出就心甘情願，不必再去追回或懊悔，生命必須向前看，道理就是這麼簡單。

可是突然間就沒頭沒腦地跑到翡冷翠來，也不是我一貫的行事作風。其實最初在我考慮就讀的正式大學名單中只有兩所，除了翡冷翠之外，另外一間是在威尼斯（Venezia）。放棄水都而選擇文藝復興的重鎮，並非是我對那個時期的文化有特殊的喜好，而是翡冷翠的地理位置：因為它坐落於義大利的中部，在這南北狹長的國度，以這裡作為根據地，旅行起來很方便。不過再更深一層地問自己，大概是我對貝魯佳還有很強的不捨吧！

義大利的大學沒有聯考制度，對於外國學生也沒有統一的托福考試，所以我必須前往我想進去的學校詢問入學考試的題目。翡冷翠大學的教務處給了我一張紙條，上面是文學系的考題：從西元1200年至今，義大利重要的詩集和文學作品。若是直接從台灣來

1. 麥蒂奇家族的家徽
2. 麥蒂奇家族的宅邸麥蒂奇里卡迪宮

報考，我鐵定會驚慌失措，因為太籠統了，根本無從準備！但是經過外國人大學將近四年的訓練，早就知道義大利人不時興「臨時抱佛腳」這一套，加上台灣特殊的國家定位，光是準備報考國立大學的證件就消耗掉我大半的精力，其餘的只好聽天由命了。

「我們來聊聊。」三位主考教授其中唯一的女士如此對我說。

「好。」摸不清對方的意思，我只好點點頭。

「您為何選擇我們翡冷翠大學呢？您對我們有什麼期待？」

「我想認識十八世紀以後的義大利文學，因為在台灣這方面的作品很少，而且我喜歡聽故事，近代的東西會比較有趣。」

既然是聊天，我也毫不設防地有話直說。誰知那正是教授出題的標準！於是她拿出一本厚厚的義大利文學選集，翻到其中一篇十九世紀初期的文章要我唸，

然後要求我解釋它的大意，再提出文中幾個關鍵字來考我。其實口試的方式彼此的互動性是很高的，女教授從我的回答中引出下一個考題，一來一往地還真的像是在「聊聊」！緊張的情緒還來不及浮現，我的入學考就結束了。

從四月份開始到九月初的奔波，就只為了這樣一場短短不到十五分鐘的考試！而且選的還是就業市場中機會幾近於零的義大利文學系！將來我想走教育路線嗎？若是如此的話，當初在台灣聯考時就該直接進師大去就讀，那麼現在我早已是資深教師了！老師的清高我欣賞，但工作環境太安全卻令我害怕，或許這就是我始終抗拒教職的原因。況且我偶而喜歡跑出「框框」外的挑戰性格，如果在東方社會為人師表，鐵定會成為「不良示範」。不多想了，反正我目前只想瞭解義大利正式的大學體系如何運作，這種執念不去把它消化掉，將來還是會跑出來搗蛋。就像最初棄文從商，現在這個一直被壓抑的「文」終於來對我復仇了！

兩天後，在翡冷翠大學公布欄上的文學系外國人入學名單中，我找到自己的名字。

托斯卡納的遺珠：麥蒂奇 (Medici)

托斯卡納能成為文藝復興的起源之地，麥蒂奇家族長達三百年的統治功不可沒。這個來自翡冷翠北方慕傑諾小鎮（Mugello）的家族經商致富，雖說沒有高貴的血統，但對藝術的品味與推崇卻是無人能及，而且還把大量的金錢投入這種當時報酬率並不穩定的「製造美之產業」，的確值得讚賞。此家族雖曾先後出過三位教皇：雷歐內十世、克里蒙特七世與雷歐內十一

1　1. 烏菲茲美術館中幾乎都是麥蒂奇家族的收藏
2　2. 據說麥蒂奇家徽中那六顆圓球是代表砝碼

世，卻在政治聯姻與家族遺傳病的交互作用之下沒有後裔，最後一滴血脈安娜‧瑪莉亞‧露易莎（Anna Maria Luisa）把麥蒂奇所有的藝術收藏贈予翡冷翠市民，家族的珍藏才能全數留在他們最鍾愛的城市，而這位末代公主也選擇葬在聖羅倫佐教堂（San Lorenzo）外面的小角落。

　　從到貝魯佳學義大利文開始，我就一直是「自立自強」的狀態。現在到翡冷翠唸義大利文學仍是秉持著這種精神，因為我的系上根本沒有台灣學生，甚至可以更進一步地說：我是唯一的東方學生！我有很多時間是花在「嘗試錯誤」上面，這種固執的牛脾氣在我來義大利長住以後，變得越來越明顯。然而奇怪的是：我對身邊的小事開始追根究柢起來，而人生的大目標卻聽任其逐漸模糊。所以目前我一心最想知道的是：義大利的正式大學系統是如何運作？至於要不要獲取學位、未來能找何種工作……這些都以後再說了。

　　學校的教務處發給我一本學生手冊，裡面寫著若要戴上文學系的這頂「桂冠」，我必須要通過二十個考試，也就是台灣所謂的修完二十個學分。過去在台北上大學時，每個學年的必修科目都只有一位教授開課，而佔一個學分的選修也只開兩門不同的課程，等於是二選一，非常單純，所以學校幾乎都替學生安排好了。如今我站在文哲學院的公布欄前，洋洋灑灑的課單有一公尺那麼長，光是必修的文學這一門就有十多位教授開課！沒有任何前例可循，加上將來是否要吃這行飯不在我的考慮之列，於是該門課程的內容是否吸引我便成為我選課的唯一標準。這麼做雖然任性，卻不會「三心二意」地浪費時間，反而更讓我朝義大利式的直覺思考之路邁進，活得越來越輕鬆。其實這也只是我個人的主觀看法，多年的異鄉生活把我形塑成「文化邊緣人」，然而我真的很義大利嗎？不是在這裡土生土長，對於這個民族的隨興我還是無法百分之百地放開，東方的傳統因子仍在我的血液中流動，它們永遠不會滅絕，而我也絕對

不會引以為恥，因為這是我的根！或許相對的，這也是我在此地的優勢，搞不好還因此讓我比義大利人更自由，因為很多他們非常在意的「罩門」，其實在台灣根本連想都想不到哩！

我如彗星般地在文學系的浩瀚宇宙中亂闖！沒有固定軌道的限制，所以我飛進了古典文學的中古騎士詩《狂怒的奧蘭朵》裡，像費拉拉（Ferrara）的宮廷仕女般悠遊於巫師與魔龍的想像中；飛進近代文學《哲諾的自覺》裡，原來寫日記與自己對話是一種最佳的心理治療方法；飛進比較文學「花園在西方文學中的象徵意義」裡，它是一片戰爭與疾病觸不到的香格里拉……我很貪心地修滿四個學分，卻完全沒考慮到先後順序！之前的外國人大學著重的是語言，古典文學、現代文學、藝術史、建築法規、音樂賞析、戲劇等課程，皆是圍繞著文法打轉，好讓條理式的語句分析能夠多增添點活潑的應用，以免學生上起課來呵欠連天；現在的翡冷翠大學則是整個顛倒過來，因為這是義大利教育體制內的學習機構，會聽、會講、會寫義大利文被視為最基本的條件，就如同人類天生會呼吸一般地自然，根本無須特別強調，所以我在貝魯佳結業時拿到的那張漂亮成績單，來到這裡根本就像「小兒科」，只能勉強算得上是幼稚園層級。

進入正式的學校彷彿啟動了另一個人生旅程，我的周遭不再是來度假、學習目的可有可無的「聯合國」，因為義大利文在地球上的使用率又不高。清一色的義大利學生成為我目前每天必須大量接觸的對象，不僅他們的言行舉止會潛移默化我的表達方式，生活態度也在不知不覺中嵌入我的價值判斷。我很驚訝於自己竟然能夠心安理得地走進一條工商社會判定將來必定會毫無出路的死胡同裡，難道溫布利亞那些鄉下人「眼睛不亂看」的習慣也滲進了我的細胞中？果真如此的話，那可值得慶幸了。

托斯卡納的遺珠：奇樣地（Chianti）

翡冷翠以南、西耶納（Siena）以北這片丘陵地，正是托斯卡納最負盛名的產酒區奇樣地，釀酒公會以黑公雞作為「正統奇樣地」的標誌。這一帶有不少酒莊，遊客甚至可以直接到釀造商的酒窖去品酒。「Castello di Brolio」、「Meleto」、「Gaiole in Chianti」、「Badia a Coltibuono」、「Radda in Chianti」、「Castellina in Chianti」是奇樣地產酒區內幾座主要的小城，這裡的生活條件與飲食方式和隔鄰的「窮姊妹」——溫布利亞相較之下，真的是精彩許多，畢竟英文譯為「托斯卡尼」的托斯卡納大區過去是商人建立的大公國，沒那麼多嚴謹的教條。

1. 最經典的奇樣地風景
2. 奇樣地中等塔城聖吉米納諾

1. 奇樣地內的城寨蒙特里裘尼　　　2. 酒肉無限暢飲的富裕托斯卡納

3. 奇樣地內的莊園以酒迎賓

在我尚未搞清楚大學選課的作業流程之前，第一年的上學期就結束了。我的房東帶著五歲的女兒到德國與她的母親相聚，另一位室友也回前東德去過耶誕，整個家裡頓時只剩下我一人。剛好在翡冷翠唸書的台灣學生相約要到北方義法交界處去滑雪，我也立刻跟著去，因為我發現自己似乎變懶了，原本選擇翡冷翠，就是想把它當成我探索義大利的根據地，雖然在這裡待了將近四年的時間，卻覺得這個國家其實不像表面看到的那麼膚淺，我想用旅行來發掘它，誰知大學的課程讓我一頭栽了進去，早已忘記來此的初衷。

這群同胞是我在貝魯佳就認識的朋友，他們在出國前就已規劃好來義大利的目標，所以語文只是進入正式學校的跳板與手段，不像我還莫名其妙地修到最高級！因此他們在翡冷翠已經待了將近三年，沒想到我這個原本的所學與藝術毫不相干的「外人」，現在竟然也來到這裡！除了意外之外，他們也馬上張開雙臂歡迎我。來翡冷翠唸書的台灣人並不多，而且他們就讀藝術學院，平常各忙各的，不太成群結黨地老是膩在一起。其實會來義大利求學的人，個性中或多或少都具有孤僻的成分，而國立學校動輒四到五年的修業時間，也會把初來乍到異鄉時的焦躁給磨掉，最後大家都被訓練成「老僧入定」，按部就班地把事情做完，也不會想如何投機取巧地將獲得學位的時程縮短，因為義大利本身就不是一個極端講求效率、非常急功近利的國家！我想這也是它會讓我還在此流連、捨不得離開的最主要原因。有一天當這種不慌不忙的生命節奏在不知不覺中滲入我的血液中，成為自律性的交感神經運動時，可能我才會

心甘情願地自動離去吧！

科瑪耶（Courmayeur）位在白朗峰底下，我們得先搭火車到皮耶蒙特大區（Piemonte）的杜林（Torino），再轉到最北的奧斯塔谷地（Valle d'Aosta）。滑雪場的主人開著小型巴士下來到荒涼的車站把我們這群唯一的東方遊客接走，山上早已是靄靄地一片，把大家分配進房間以後，那個義大利人就走了。我們這幾個早已不生嫩的外國人就開始自行去瞭解這個地方的遊戲規則：一天的費用是固定的，包含三餐、使用雪具與遊樂設施。其實我很喜歡義大利這種「不叨擾」的行事作風，他們的基本假設是每個人都有行為能力，你要自己做選擇，而不是聽任別人的安排，畢竟我們都是上帝獨一無二的作品，彼此的差異性是存在的，尊重這個自然界的事實，不要處心積慮地把某種模式硬套在他人的頭上，這樣日子過起來多輕鬆！

路卡市集廣場的聖米格勒教堂

民宿式的經營，主人完全不干擾我們，提供的滑雪屐也是以行走為主的輕型裝備，反正各種等級的路線都清楚地畫在場地上，從初級的平地滑走二小時到至少需半天時間才能完成的高級無阻力式爬坡都有。而我們這群在台灣早已被歸類為應該要很成熟的大人，現在全變成無法無天的小孩了！深度及膝的白色結晶就可以讓我們玩上好一陣子，誰還會那麼認真地去使用肌肉啊？反正就暫時當顆脫軌的行星，在這片無邊無際的雪地中讓曾經錯過的青春好好地揮灑一番吧！「山中無甲子，寒盡不知年」地度過我們自己的耶誕假期之後，主人又開著小型巴士把我們送到山下無人的小車站，回首眺望那座隱在虛無飄渺雲霧間的滑雪場，彷如老電影《失去的地平線》中那群跌入香格里拉的失意乘客，只是我們並沒有留下來，因為翡冷翠已經在呼喚我們了。

公寓仍是一片寧靜，室友們都還沒回來。放好滿滿一浴缸的熱水，然後慢慢躺進去，沒想到在雪地裡隨隨便便地輕輕跌倒竟也能碰出一身青紫！一個人獨處真好，愛泡多久，就泡多久！不必擔心有人要使用廁所，破壞這時的好心情。回想一開始大家跑回去度假、大學也關門休息時的驚慌，我幾乎有一股衝動要搭車去貝魯佳，因為只要兩個鐘頭而已。這種直覺式的反應卻讓我很害怕，難道我還無法忘情嗎？原來我一直告訴自己會選擇翡冷翠是因為它的地理位置很適中，只是一種「此地無銀三百兩」的鴕鳥心態，其實真正的原因是對亞平寧山的眷戀嗎？剛好這時碰上滑雪的邀請，我像遇見救星般地立即答應，隔天就往遙遠的北方邊際奔逃而去。但那三天的白雪假期似乎斬斷了那股誘惑，只是單純地想著如何在雪地中站穩走路，就把擾人的猶豫不決與矛盾的自我反抗忘得一乾二淨，問題自動迎刃而解。

或許這也是上帝在提醒我……真的該放手了！

托斯卡納的遺珠：路卡 (Lucca)

路卡位在托斯卡納鄰近大海的西側，地形雖然沒有境內經典山城的高低起伏，但完整的城牆與幾座開著葉窗的方形高塔居間點綴，使得這座平地城市的剪影生色不少。市集廣場的聖米格勒（San Michele in Foro）和聖馬汀諾（San Martino）是兩座宗教地標，後者更是路卡的主教堂，但讓路卡在托斯卡納眾多美景環伺之下仍能昂首的卻是音符！歌劇大師普契尼（Giacomo Puccini）就誕生於此，他寫下的《波希米亞人》、《托斯卡》、《蝴蝶夫人》、《杜蘭朵公主》……傳唱至今，那高低轉折與令人低迴不已的曲韻，依然飄揚在路卡的古徑之中。

1. 路卡的另一地標——圓形劇院廣場
2. 年輕時期的普契尼

比較文學這門課應該是不適於大一的新生來選，因為基礎尚未建立，要從何「比較」起呢？可是我卻「初生之犢不畏虎」地縱身投入。首先，我並非科班出身，也沒有任何前輩告知我選課的先後順序，再者，它的主題實在太吸引我了……「花園」竟然也能衍生出龐大又複雜的內容，在西方的文學世界裡，它可不只是種種植物供人類欣賞的地方而已。

翡冷翠大學沒有特別規劃出實際的校園，各個系所就這麼低調地分布在老市區的幾幢古建築裡。教室也不集中，所以選課單底下會註明上該門課要前往的地址。我根據那行小字找到比較文學的授課地點，結果竟然是一間教堂！剛開始還怯怯地不敢推開那扇莊嚴的大門，直到看見義大利學生自由地進進出出、還高談闊論地說個不停！鑽進去才發現，底下原本供信徒做彌撒的長板凳全都改成讓學子可以寫字的課桌椅，而神父的布道台便順理成章地變成教授講課的聖地。我打量了一下座位被占據的集中比例，選擇偏遠的角落坐定，因為「公共關係」一直是我的障礙，太多的交際行為對我而言會形成一種沉重的負擔，加上我又是唯一的外國學生，還有一張在清一色全是立體五官中顯得特別「突出」的東方臉！躲在最後一排，同學們全都面向講臺，這樣大家就不會知道我的存在。可是這種如意算盤似乎打得太天真，因為教授「登高」一望，立刻就發現與眾不同的我！而且義大利式的教學很喜歡互動，學生也都很大膽地發表個人獨特的見解，還經常不舉手就直接和教授辯論，這點很教我吃驚！由於以前在台北上大學時，講求「尊師重道」，沒經過

允許就發表個人高見是非常不禮貌的行為，而老是反駁教授意見的學生會被看成「愛現」，那是一種不被鼓勵的負面評價，因此養成我對不認同的人、事、物採取漠然的態度。現在可好了，這裡的教授特別喜歡不一樣的聲音，偏偏我又始終「默不作聲」，遇到學生提出異議時，他總會來上這麼一句：「在你們日本也是如此嗎？」

日本？怎麼又是日本？的確，除了這個早已擠身開發國家之林的非凡民族以外，誰會想要耗費時間與精力來獲取在東方社會中經濟效益極低的文學知識呢？況且使用的還是普及性不高的義大利文！其實來義大利久了，國家意識不會像剛開始時那般強烈，就像我始終搞不清楚巴爾幹半島的新興獨立小國一樣，只是台灣是我成長的地方，今天義大利人認為我獨特，就是它把我形塑出來的。而且說真的，我從沒去過日本，這個國家比起義大利還更讓我覺得陌生呢！所以趁著下課休息時間、教授到教堂側邊的迴廊中庭抽雪茄之際，我鼓起勇氣開口了⋯⋯。

「教授，我不是日本人。」
「啊，抱歉！那⋯⋯您是來自？」
「台灣。」
「啊⋯⋯福爾摩沙，美麗的島嶼！」

不愧是教授！知道台灣在哪裡，也大致瞭解它和中國的差別。不過我原先也不打算多加解釋，只想表達「我不是日本人」而已，因為在異鄉生活多年，國家尊嚴不是用「講」的，過分強調的行為只會凸顯：其實在潛意識裡根本對自己的出生地就帶有某種自我輕視的成分，何必呢？輕輕鬆鬆做個台灣人，進步也好、落後也

罷，就讓對方從我日常生活中的行為舉止去自行判斷吧！只是這麼一來，教授更喜出望外了：「你們台灣也是如此嗎？」「台灣」相較於花園，多麼新鮮的名詞啊！這在義大利比較文學的課堂上應該是絕無僅有了吧！很多學生從沒聽過這個地方，現在班上突然出現一個來自距離的感覺幾乎可以比擬「外太空」一般遙遠的神祕國度之居民，當然要趁機「增廣見聞」一下！這對我造成相當大的困擾，因為當教授「此話一出」，同學們全都好奇地轉過頭來注視著我藏身的角落，躲都躲不掉！

教堂也是一處很神奇的場地，桂冠詩人但丁就是在這種地方遇見他一輩子的真愛貝阿特莉契。這也難怪，情竇初開的少男少女全被集合於此望彌撒，神父在台上孜孜訓誨的道理太深奧，沒有經過歲月的洗鍊是無法感動與領悟的；而愛情這種直覺性的行為，在尚未歷盡滄桑之前，大家都把它幻想成很純潔，所以在宗教的莊嚴氣氛推波助瀾之下很容易就令人陷入這種浪漫情懷之中，一旦那種神聖而不可侵犯的形象被建立了，之後再碰上的就顯得平凡又庸俗不堪。原來宗教與愛情有一種相輔相成又互補的關係：提供邂逅的背景，倘若失敗了，還可來此尋求慰藉。

放完耶誕大假的下學期，教授又照例問那句：「你們台灣也是如此嗎？」從轉過頭來的同學中，我發現了新面孔。這張新面孔長得極為好看，而且義大利味不是那麼濃，感覺像是從北方下來的……。我突然間很想笑，因為《神曲》中的貝阿特莉契擁有一頭金髮，那個男生也是如此地「像隻天使」，可是我不是天主教徒，而且早就過了「純純的愛」那種年紀。誰知在下一次上課時，在我的經常性座位旁邊竟然出現了這隻天使！我的第一個反應是生氣，因為感覺個人空間被侵犯了！其實在上學期就有同學嘗試要坐進這個角落，不過他們都會隔著幾個空位，還不敢太直接，我想可能是我的「凜然」經常會讓人望而生畏吧！於是我往後移動一排，結

果下課休息十五分鐘回來，天使竟然也跟過來坐在我隔壁！我幾乎是憤怒了，然而教授已站上講臺，我也不好當場發作，只好隱忍下來。整堂課我發現他得意洋洋地，可惡！當鈴聲一響、課程結束時，我立刻提起書包走人，誰知天使亦不屈不撓地跟了上來……。

「嗨！我叫達米安諾，妳呢？」

我不理他，逕自往前急行。奈何對方幾近一米九的身高，長腳一跨等於我兩個小跑步的速度與距離！走得上氣不接下氣地，依然擺脫不了天使的糾纏，而且他還氣定神閒地朝著我這個「哈比人」微笑，似乎早已篤定我根本就逃不出他的手掌心。既然來了，就正面迎擊吧！故意用中文名字回答他，反正五秒鐘之後他就會記不得了，別以為那張如天使般的臉龐與一頭金黃色頭髮對女生總是「所向披靡」，我這個老太婆可是有個人獨特的審美觀！

「妳知道嗎？在東方的生肖裡，我是屬老虎哩！」
「我屬龍，專吃老虎！而你只吃義大利麵。」

聽完我的回答，達米安諾笑得前俯後仰，我也覺得自己很無聊，幹嘛一定要在言語方面占上風？這個大男孩只不過是對來自聽都沒聽過的「台灣」、況且又是班上唯一的東方人心生好奇而已，我到底在抗拒什麼？自尊？亦或自卑？管它呢！反正這隻天使小我十歲，能有什麼搞頭呢？

托斯卡納的遺珠：蒙特布魯恰諾 (Montepulciano)

聖比亞久神殿是蒙特布魯恰諾文藝復興的傑作

蒙特布魯恰諾位於海拔 605 公尺的山丘上，具有典型的托斯卡納山城景觀。距離市區兩公里的聖比亞久神殿（Tempio di San Biagio）是此城許多經典建築的設計大師老聖佳羅（Antonio da Sangallo il Vecchio）的文藝復興傑作，簡潔的外觀更能呈現它的莊嚴。老城區的心臟為大廣場（Piazza Grande），主教堂與公共王宮兩大政經中心皆在此，那口上面有著雄獅捧住六顆圓球徽章的古井，正是在向世人昭告這裡曾是麥蒂奇家族的領地，而且此城也是他們的御用詩人波利濟安諾（Poliziano）的家鄉，加上大街小巷全是古意盎然的酒窖，一股歡樂的詩意頗令人放鬆。

1 2 1. 蒙特布魯恰諾的主教堂與古井　　2. 貴族宮殿佇立在蒙特布魯恰諾的大廣場上
3 3. 蒙特布魯恰諾是貴族酒的主要產區

教堂果真是處非常奇怪的地方！那隻英俊的天使不僅飛進了我經常隱身的角落，每堂課大刺刺地坐在我旁邊，還千方百計地硬是把我的安全防護網撬開。如今我在翡冷翠的活動範圍跨越了亞諾河（Arno），來到左岸。這間位在聖斐迪安諾區（San Frediano）的老建築內部很寬闊，順著時針、或是逆著時針走一圈，就可以穿越並同時參觀住在這裡四位大男孩的房間。很奇特的格局，因為義大利一般民宅的走廊設計並不存在，不過那股中世紀的況味卻不禁讓我回想起初到貝魯佳的第一個家：自信的台南女孩、冷漠的蘿拉、驕傲又自卑的海蓮娜、還有青澀的默斯達法……，如今他們在哪裡呢？記得第二年我回台灣時，收到一張從迪里亞斯港寄來的明信片，上面的中文地址寫得歪歪扭扭，仔細一看：竟然是默斯達法！那位曾經讓我們幾個女生緊張到「花容失色」的回教徒！

原本以為會有轟轟烈烈未來的緣分，在生命中的某個點彼此交會過後，就各奔東西，猶如春夢一般，了無痕跡。所以凡事不必多想，也無須再往日情懷，過了就是過了……。只是為何在走進這幢老屋之後，回憶卻突然間風起雲湧？住在這棟老建築裡的，除了跟我一樣是文學系的達米安諾以外，還有建築系的馬可，這兩個可真是哥倆好！無論做什麼事總是黏在一起。第一次答應天使之約就是在新聖母瑪利亞教堂（Santa Maria Novella）前碰面，達米安諾介紹這位有著一頭紅髮、來自拿波里的室友和我認識，他的身邊還跟著一名挪威女生，於是我們就像薄伽丘（Boccaccio）的《十日談》中相約要逃離翡冷翠去鄉間躲避瘟疫的年輕男女一般，不過目的地卻

是電影院，觀賞的是《一路到底：脫線舞男》。

　　成為聖斐迪安諾這間老屋的常客之後，我發現達米安諾的房間特別整齊。他的書桌前掛著兩幅大天使古畫，應該是從教堂的神龕拆下來的；大床總是鋪摺得極為平整，看得出來這並非刻意、而是習慣使然。更教我驚異的是：完全沒有女性的痕跡！他雖然是來自瑞士的義大利語區，但阿爾卑斯山再怎麼高聳，也阻擋不了正在奔放的青春！馬可的女友一個換過一個，達米安諾卻始終不動如山，我不禁要開始懷疑他的性向了……。倒是另一位經常不在老屋的皮耶保羅，就讓我覺得「易於親近」得多。其實他的房間也收拾得頗為乾淨，不過就是會有大男生的粗線條，工作檯經常擺著畫到一半的設計圖，鉛筆散落整個桌面，床也鋪得比較隨意。第一次看到他，是我邀請達米安諾與馬可到我位於翡冷翠老市區北邊的租屋吃晚飯，當我站在門口看著他們上樓時，出現一張我不熟悉的面孔……。

　　「我們多帶了一位食客，吃完飯叫他洗碗。」

　　黑色的頭髮、深邃的大眼、加上靦腆的笑容，應該是來自南方之人。在義大利待久了，也逐漸可以感受到某些當地的矛盾：北義的進步與富裕，充滿巧思的工業設計讓世人趨之若鶩；南義的保守與貧瘠，緩慢的農業腳步如何與機器的大量生產競爭？而且長相與身高也成為能否驕傲的條件，達米安諾雖然沒有交友的預設門檻，但我仍隱約嗅到在團體中那股對於自身先天的基因有一種不自覺的優越，尤其是那一頭金髮，讓他在一般而言髮色較深的南歐國度非常吃香！像馬可就很羨慕達米安諾讓歐洲女孩前仆後繼、無法抗拒的魅力，有時候講起話來都酸溜溜地。而我倒是比較欣賞皮耶保羅的不卑不亢，既使這兩位室友老是嘲笑他來自很少人聽過的

坎波巴索（Campobasso），他依然微笑、保持風度，也不做過多的解釋，這是擁有堅實自信的內在才能表現出來的從容。在我的直覺中，這個男孩具有一種沉穩的生命節拍，他就是依據著這股旋律在走，浮誇的外力是撼動不了他的。

義大利是個社會主義國家，就讀公立的學校無須花費大筆金錢。翡冷翠大學計算學費的方式是：如果學生仍靠父母扶養，就要拿家裡的繳稅單，至於已經獨立的工作者，則是用個人的所得憑證，學校會依據收入的多寡來計算每位學生的收費標準。而且到學生餐廳用餐，不到台幣百元就可吃第一道、第二道、旁菜外加水果或優格。認識達米安諾之後，我還真的重新過起大學生活！上課要坐在一起，吃飯要成群結隊。若是週末要相約，因為學校的餐廳休息，就得到城牆外去聚餐，那裡的披薩可是最便宜，即使這段路程走起來至少要二十分鐘的腳程。這隻天使交遊廣闊，經常都有新的成員加入，其中的凱特是唯一一位非大學生身分，這位英國女生來翡冷翠專心畫畫，看得出她對達米安諾很有好感，只是天使老是拿我當擋箭牌，這種舉動引起「外界」人士的猜測：我們兩人的關係應屬「匪淺」！連麵包師傅約瑟夫有一次在街上碰到我也焦躁地問：「妳見過達米安諾的父母了嗎？」

真是莫名其妙！我彷彿成了「愛護天使集團」的公敵。那位麵包師傅很神祕，無聲無息地就出現在聖斐迪安諾的老屋，若碰巧達米安諾不在，就又一聲不響地消失，達米安諾的室友都不清楚這位仁兄的背景，外人該懷疑的才是他們倆呢！其實這也是我咎由自取，有這麼英俊的大天使在身旁圍繞，多少會滿足女性的虛榮。然而極端被動的個性卻老是讓自己陷入「豬羊變色」的困境，即使遍體鱗傷，我仍舊不動聲色……這點剛好成為達米安諾最佳的保護傘。這隻大天使私底下從未對我做過逾矩的行為，因此對於在公開場合的摟摟抱抱一點都感受不到情愛的成分。

「阿雷叫妳要小心，那個男生可能跟他是同類，妳可不要步我後塵。」

　　我去探望住在碧提宮（Palazzo Pitti）對面閣樓的友人，才一上樓她就劈頭這麼說。這名女孩來翡冷翠研讀古物修復，對阿雷一往情深，誰知這個畢業於清大的男生立刻阻止她：「我努力過了，但就是無法愛上異性。」可是愛情一旦發生，怎能說停就停？這是奇妙的化學變化，回不去的！因為阿雷首先對她「出櫃」，單方面地認定她應該要瞭解他，只要情場一失意就跑到她那裡去訴苦，我的朋友雖心如刀割，但仍耐心傾聽，她實在無力拒絕！那次是我與達米安諾要去看凱特的畫展，在老橋巧遇阿雷，他和我打招呼，同時和天使對看了一眼，這麼短的時間就馬上斷定對方「屬性相同」，真是了得！

　　「因為他們的磁場一樣啊！」

　　果真如此的話，那上帝是安排這隻天使來對我做試煉囉？

托斯卡納的遺珠：節慶

- 翡冷翠的歷史足球賽：六月二十四日於聖十字教堂（Santa Croce）前廣場舉行，由紅、白、藍、綠代表古城四區隊伍，延續十四世紀被教皇軍隊圍城發洩敵意的傳統「大亂鬥」，優勝者可獲得一頭白牛作為獎賞。

- 維亞雷裘（Viareggio）的嘉年華：二月嘉年華最後一個週日，於海邊大道有大規模的花車遊行，很多都以挖苦政治人物為主題。

1. 翡冷翠歷史足球賽前的遊街隊伍
2. 托斯卡納小城的嘉年華很歡樂

- 西耶納的馬賽：七月二日與八月十五日兩場，代表老城區的十位著古裝騎士，騎乘無鞍馬跑扇形廣場三圈定勝負。

- 蒙特布魯恰諾的滾酒桶大賽：八月最後一個週日，代表古城老城區的八隊，每隊雙人把重達八十公斤的大酒桶從馬佐可長柱（Colonna del Marzocco）滾往山上最高點的大廣場，全長約一公里。

1　1. 蒙特布魯恰諾連新人都滾酒桶
2　3　2. 西耶納馬賽前導的鼓手
　　3. 嘉年華會喬裝的小朋友

　　決定要去坎波巴索讓皮耶保羅很驚喜，因為這位大男孩雖然很沉穩，畢竟還是青春洋溢，我這個「唯一」能夠注意到他，使得他在那群老是覺得占上風的室友們面前能夠有一次驕傲的機會，實屬難得。其實我也算是「自私」，若沒有「皮耶保羅住在那裡」這種誘因，我可能一輩子都不會到之前聽都沒聽過又經常遭人忽視的莫里塞（Molise）去。身為義大利數一數二小的一區，又沒有任何重量級的文化來眩世人的耳目，如何令外人願意從美麗的翡冷翠花上八小時的車程，到一處名不見經傳的鄉下去呢？自從莫名其妙跑到義大利去唸書之後，我越來越不對自己與他人的行為模式做過多的揣測與分析，因為根據我過往的經驗與親身經歷的後果，那全都是個人一廂情願的樂觀想法，經過事與願違的痛心和失望之後，如今就乾脆憑直覺行事，加上我不是喜歡預先知道結局之人，大自然是很玄妙的，就任憑那隻看不見的手來擺布，或許人生的路程就會充滿意外的驚喜也說不定！

　　在羅馬換車橫貫到亞德里亞海，景觀為之一變，陡峭的高山與荒野使得我開始興奮，連沿途停靠的站名都是那麼的陌生，到底莫里塞是處怎樣的洞天？我竟然滿心期待起來！黃昏時分終於來到這個小區的首府坎波巴索，這裡也是這列搖搖晃晃小火車的終點站。皮耶保羅早已在車站等候，看到我便迎上前來，提了行李就往停靠在站外的小飛雅特走去。

　　「這附近有糕餅店嗎？」

「妳要幹嘛？」

「買些甜點當伴手禮啊！」

「不用啦！」

拗不過我的一再堅持，皮耶保羅只好把我帶到火車站旁的咖啡館去。在他面前，很奇怪地我就是會耍些小任性，反正我也不是無理取鬧，所以我知道最後總是我會贏，而這個小我十歲的男孩竟然會擺出一副成熟大人的模樣，這就是我們之間的相處模式。他的家位在新市區一幢公寓的六樓，父親是建築師、母親是老師，還有一名小妹，但目前在拿波里就讀大學，所以不在家，因此她的閨房便成為我這三天假期的寢室。非常「女孩味」的房間，大都是粉紅的色系，可愛的飾品和小型的玩偶擺滿層架，感覺很溫柔。達米安諾和馬可說皮耶保羅有一位「神祕」的妹妹，因為他們經常耳聞卻不曾看過本尊，不過現在我「千里迢迢」來到這裡，卻還是沒看到這位「傳說中」的妹妹。放好行李並與他的父母稍微寒暄過後，皮耶保羅便迫不及待地帶我到市中心去參觀。

「妳是第一個來這裡的台灣人！」他很興奮地說，走起路來也威風不少。「真的？」我裝出一副非常驚喜的模樣，好滿足這位大男孩的虛榮，因為路上的行人全都好奇地對我行注目禮。尤其是當我們進到一間酒吧去喝開胃酒時，全體顧客一致轉過頭來的那一剎那，更是達到極致！我想我不只是第一個踏上此城的台灣人，甚至可能是首位登陸這區的東方客！當晚皮耶保羅邀來幾位同鄉好友一起到餐廳去吃飯，這群「小朋友」嘰嘰喳喳地說個不停，畢竟他們擁有共同成長的背景，而我這個皮耶保羅在翡冷翠大學認識的外國同學，讓他在這個小團體裡面的地位頓時變得「尊貴」起來，因為我不僅會講義大利文、同時還是來自聽都沒聽過的台灣，多稀奇的物種啊！皮耶保羅可說是這種情況的最大贏家。

隔天，他開著小車帶我到莫里塞境內的著名景點去遊歷。原來這個小區可一點都不遜色！在羅馬帝國尚未建立之前，這一帶是珊尼提人的大本營，這個來自沙賓族的原始住民於西元前四世紀時和羅馬人打了幾場戰役，塞皮諾（Sepino）因此融合此二族的建築。在無人的遺跡裡只有我和皮耶保羅穿梭其中，這種不激發遐想的友誼很輕鬆，寧靜的清晨、冷冽的空氣、沉默的方石、不刻意的漫步……這是上天的巧妙安排嗎？而在豐石鎮（Pietrabbondante），他帶我去看雕有靠背觀眾座椅的古劇場，不疾不徐地為我描訴過去的歷史……，這個大男孩知道很多故事哪！晚上回到家裡，皮耶保羅的母親為我烹調了道地的家常菜餚，他的父親則是送了我一本個人對莫里塞方言的註解與詩集，如此平實的招待讓我的心風起雲湧。第三天不再開車往外跑，只是到他們位在郊區的房子去逛逛，廚房攤平陰乾的香菇是到樹林去採集的收穫，後院隨性的菜園更是讓我對義大利人的「眼睛不亂看」死心塌地了！

因為假期尚未結束，皮耶保羅還要在家待幾天，所以把我送到火車站去搭車回翡冷翠，我不知未來還會不會再來此地？往羅馬的小火車緩緩駛離月臺，我並沒有因離別而感到莫名的惆悵，只是覺得上帝似乎又開了我一個小玩笑，讓我懵懂無知地跨越亞平寧山，卻又在我的人生中打開了一扇新的窗，原來「直視」也會喚醒意外的心靈之眼。

1. 就是這種托斯卡納的鄉村風味吸引世人

2. 托斯卡納小莊園的女主人

托斯卡納的遺珠：鄉下

托斯卡納的美在於那片緩丘處處的
起伏山陵，溫柔的線條加上光影的
變化，非常具有拍攝背景的質感。
尤其是蜿蜒的小路、兩側種著挺直
的柏樹、通往山頭的石砌莊園、周
遭環繞著葡萄園與橄欖樹……這些
元素吸引不少美國片商到此拍出像
是《托斯卡尼艷陽下》、《給茱麗
葉的信》以尋找浪漫戀情為主題的

1. 托斯卡納的小莊園
2. 葡萄酒幾乎成為托斯卡納不可或缺的元素

電影，因此吸引世人前仆後繼地到此希望也能有片中主角的美麗遭遇。不過
托斯卡納鄉間的悠閒步調與對享受口腹之慾毫不避諱的生活態度，才是造就
這裡成為觀光勝地的真正原因吧！

非理性的化學變化

在開課單上看到「從義大利統一之後，到第一次世界大戰之前，女性的致命之美」這個主題，我便毫不考慮地選了文學社會學這門課。教授上課的方式，便是為我們這些學生朗讀這段期間所出版的小說中，關於情愛描寫最經典的篇章。衝突最具美感，違反道德更是令人蕩氣迴腸！其實那是個充滿末世況味的年代，垂死、毫無生氣，卻綺麗、華美！我愛那種矛盾、更愛那矛盾背後的詭異！很多朋友都覺得我的審美觀不正常，老是看上一些被一般人歸類為非常醜陋的物種。或許我本身的個性就很衝突，因為我的生活井然有序到令人望而生畏的地步，然而我卻經常愛上雜亂無章的人、事、物。我想只是成長的背景讓我不敢膽大妄為而已，極端內斂的修養又硬生生地壓抑住感性的萬丈波濤，總是自己早已遍體鱗傷了，而對方卻仍渾然不覺！因此我不禁要懷疑：難道我選這堂課是為了宣洩？

教授挑選的作品，我從未耳聞過，每一本的內容都很精采：藝術家愛的是活的軀體，科學家愛的卻是死的屍體；一路的泥濘巧遇，最終卻只為了親吻那隻純白的腳；耶誕夜的荒誕之後，生氣地鑿斷陌生女子美麗的門牙；清晨為對方煮完咖啡，卻是平靜而沉重的分手前奏曲……其中的加比葉・丹倫邱（Gabriele d'Annunzio）對我最具吸引力！讀過《享樂》這本小說之後，讓我更加敬畏愛情這種「化學變化」的行為。安德烈亞為了海蓮娜與人決鬥而身受重傷，在表姊的別墅休養期間，認識了來此訪友的瑪麗亞。兩個女人各具風情：海蓮娜豪放活潑，選擇英國富豪當夫婿；瑪麗亞羞澀文靜，

先生是瓜地馬拉的大使。愛情的奇妙之處就在於理性的無法駕馭，安德烈亞深知瑪麗亞是個純情的好女人，然而他就是無法忘情放蕩的海蓮娜，甚至他的傷還是因為她的狠心拋棄才引起！當他與瑪麗亞一同前往欣賞歌劇時，正巧碰上意外出現的海蓮娜，於是他立刻心神不寧。這個輕佻的女人約他晚上十一點半見面，所以他在半個小時之前就焦躁地在她的家門前等待，誰知對方玩到半夜才回家，而且直接驅車入門，根本無視於和他的約定，甚至壓根就忘記他的存在！氣憤之餘，安德烈亞找不到地方發洩，於是衝動地跑到瑪麗亞住家的大門，把原本要送給海蓮娜的那束白玫瑰用力丟棄在地上。由於丈夫的嗜賭而欠下大批的債務，瑪麗亞被迫得跟著回南美去，臨行前要求安德烈亞陪她到羅馬的新教徒墓園，一起去拜訪英國詩人濟慈的墓塋，還把那束白玫瑰放在墳前……。天哪，她竟然保存著！因為那天晚上她躲在窗後看到這個男人把花拋在前院就匆匆離去，以為那是安德烈亞對她表明的愛意，所以她決定拋掉矜持，與他共度離開義大利前的最後一夜，然而親密接觸時安德烈亞卻不自覺地低聲呼喚著：「海蓮娜……」這道致命的一擊，扼殺了瑪麗亞所有的幻想！

不過這才是真正的愛情！因為那是無法用邏輯去分析的，明知那個人只會糟蹋自己，卻仍心甘情願去受罪。被愛的人無須用力，隨口說出的一句話都會對愛他的人產生巨大的影響，但這也是愛情的神奇與美好，而且發生就發生了，完全回不到從前，面對那個標的物，自己就是無力招架，即使所有的客觀條件與原先的期待全然背道而馳。不過一旦愛上了，這些規則就自動被拋到九霄雲外，所以只能任憑對方宰割！這本小說會觸動我的心，就是因為我頗能體會安德烈亞的「不理性」：達米安諾這隻大天使的出現，對我便是一種嚴酷的考驗。因為不知道從何時開始，他就變成我思念的主宰，雖然我的朋友一直告誡要小心，而且他的性向也始終令我

懷疑，但如今只要一通電話，我便迫不及待的飛奔到亞諾河左岸。而在比較文學的課堂上，也換成我在尋找他的身影……。為何在感情的世界裡，我總是把自己弄到「豬羊變色」的窘境？難道是自尊在搞鬼？

　　雖然那時歐盟尚未成立實際的組織，但學術早已越界，只要是就讀境內的國立大學，都可以申請到他國的相同科系去上課，因此我的班上來了一批金髮碧眼的德國女生。這些高貴的日耳曼人全都被天使的俊美與高大所吸引，毫不保留地展現對達米安諾的好感，並強勢地表達對我的不屑！我不會去跟她們「一較高下」，因為愛情應該是自發性的，喜歡一個人，無須強迫，即使有許多攔阻，就是會排除萬難地跑到那個人的身邊。而達米安諾竟然對眾多「垂手可得」的引誘視而不見，直直向我走來，我不相信自己有如此絕對的魅力，不過內心卻是又驚又喜，因為我無須用力就贏了驕傲的年輕女大生。然而我對於這隻天使的表現卻有很大的質疑，我並非絕色，又經常冷冷地杵在一旁，他為何要對我特別？是因為這樣而激起他的征服慾？其實若更深一層地挖掘，這種質疑是我的女性直覺在發出警訊，因為從他的舉動中，我感覺不到絲毫的情感成分，反而像是一種求救訊號。由於阿雷覺得我的朋友對他造成情感上的沉重負擔，為了減輕自己的罪惡感，剛好我目前所遭遇的狀況也非常類似，因此我便取代我的朋友成為阿雷吐露情傷的最佳安慰……還是他想點醒我？

　　「其實我們這種人從女性那邊才能獲得同感，因為那些男生根本不懂！」他竟然忘了自己也是男生！

　　「真的？為什麼？」

　　「因為妳們會傾聽、會包容，我們男生有野心、比較自私。」他又想起自己是男生了。

托斯卡納的遺珠：葡萄酒

托斯卡納以大牛排與各式醃肉為主力菜色，因此這裡所產的紅酒結構強壯、香氣濃厚，而且陽光充足，經常使得酒精含量可達 14 度。「Sangiovese」是主力葡萄品種，釀出來的紅酒像是「Chianti Classico」、「Brunello di Montalcino」、「Vino Nobile di Montepulciano」都是享譽國際的酒款，厚實的酒體與紅肉真的是絕搭。「Trebbiano」與「Vernaccia」則是托斯卡納白酒的主力葡萄品種，在聖吉米納諾以後者釀成的白葡萄酒還獲得 DOCG 的認證。至於聖酒（Vin Santo）則是以風乾的葡萄釀製，是經常搭配杏仁餅一起食用的飯後甜酒。

1. 蒙塔契諾的酒窖
2. 托斯卡納的葡萄農夫

1. 在托斯卡納的酒窖品酒
2. 這就是托斯卡納的主力葡萄——Sangiovese

　　或許我的不動聲色剛好成為達米安諾最安全的保護傘，即使只有我們兩人單獨相處，他也不會感到任何「危險」的威脅，甚至還拉著我到後面的陽台，彈著吉他演唱他終於練成的〈Palarmi d'amore, Maju`〉……。

　　「Parlarmi d'amore, Maju` Tutta la mia vita sei tu...」

　　一片皎潔的月光灑滿底下的花園，或許終究我還是會受傷，然而在貝魯佳麻痺的那顆心曾因他又恢復過來，如今就好好享受這美好的一刻吧！因為已經回不去了……。

有些事情的發生是很突然的，經常讓我措手不及！或許是我極為被動的個性使然，又或許是因為我的心中仍隱隱地有所期待，還痴心妄想地覺得命運之神應該會眷顧我，最終卻是完全落空，那股打擊的力道讓我倒地不起好一陣子，可是我卻一直落入這種循環之中，不知改進，只好自食苦果了。

雖然接收到對於達米安諾性向的眾多忠告，但沒有得到他親口的證實，我還是如鴕鳥般地沉浸在自己建構出來的美好幻想裡，即使腦海出現理性的聲音時時告誡，卻因感性的風起雲湧而被我刻意忽視，結果是他丟給我一疊照片，指著裡面的金髮女孩說：「她是我女朋友。」我立即被五雷轟頂，心臟差點停止跳動！更糟糕的是：「我下午要搭車回路加諾（Lugano），以後只回來翡冷翠考試。」我沒有質問對方的勇氣，因為我們之間的關係並不明確，還沒開始就戛然而止，我不知該如何面對這種忽然墜落無底深淵的情況，一顆心幾乎快炸開了！

在耶誕假期結束回到翡冷翠時，從達米安諾那裡得到比較文學教授猝死的消息，當時我突如其來地痛哭不已，難道是早已直覺到這一切即將結束的前兆？我逃到貝魯佳，我逃回台灣，然而那種心臟飄浮又悶燒的隱痛卻如影隨形，怎麼樣都避不掉。開學了，我飛回翡冷翠，或許標的物不見了，我可以恢復過去那種冷漠與寧靜，然而那股悶悶的感覺卻一直存在，難道我還不死心？決定去選修第二外國語，用忙碌來使大學生活重新上軌道，卻在貼著課單的玻璃

舊愛：翡冷翠 (Firenze)

離開英文譯為「佛羅倫斯」的翡冷翠之後，再回到這座文藝復興的發源地，亞諾河右岸最神聖的聖母教堂（S.S. Annunziata）較不被觀光人潮入侵的迴廊圍繞之寧靜廣場，仍然保有濃濃的學術氣息，因為大學與藝術學院的學生還是在這片虛擬的校園走廊來回穿梭。然而亞諾河左岸隱藏著許多祕密花園，充滿了我真正能夠自主的美好大學生活的精采回憶！聖斐迪安諾那間位在二樓的老房間，如今住些什麼人？碧提宮龐大的身影搶走所有的光芒，但是早已煙消雲散的麥蒂奇家族夏宮裡的那幅巨大壁畫，張開雙臂迎接從君士坦丁堡（Constantinopoli）逃難前來的學者。波波利（Boboli）花木扶疏的洞天裡原本要放置米開朗基羅未完成的雕像……。想要掙脫束縛的靈魂，何時才能獲得真正的安寧？

翡冷翠橫跨亞諾河的老橋

門外出現那張令我心碎的臉！他的金色捲髮長了，正對著我微笑。

「嗨，好久不見！」他笑得非常燦爛。

「是啊，好久不見！怎麼回來了？」我故做鎮定地回答。

「我得把考試科目與日期安排好，只停留幾天而已。」

　　我的自尊把澎湃的情感壓制住，連我自己都感到驚奇！朋友們常說我的冷靜經常讓追求者以為我對他們不感興趣而轉頭離去，誰知私底下我卻是激動地要死！達米安諾像個無事人般地問候，或許他以為那朵玫瑰、那疊照片，以及午後離別的列車，應該給了我足夠的答案。可是烈焰不再，餘燼卻仍有火星，他似乎也感覺到了，為了讓我徹底死心，邀我到他的瑞士家鄉過耶誕。

1　2　1. 翡冷翠最神聖的聖母教堂廣場充滿學術氣息
　　　2. 老皇宮是翡冷翠的政治中心

走在蘇黎世美麗的街道上，我卻心如槁木，雙手凍得好痛是我唯一的感覺。或許是我對即將到來的解答感到畏懼，但我又一定要得到這種斬釘截鐵的絕望，未來才能繼續向前走，因為遺憾至少好過三心二意。曾在路加諾寧靜的湖畔，和達米安諾以及翡冷翠大學的女同學吃了頓熱鬧的晚餐，西方女生對於感情結束後的豁達令我好生羨慕，怎麼在義大利生活了這麼多年，我還學不到這份瀟灑呢？達米安諾讓我睡在他姊姊的房間，因為她目前住在瑞典，雖說她也曾到翡冷翠找過弟弟不少次，但認識他這幾年，我卻從未看過這位姊姊。隔天，我和達米安諾義大利籍的英俊父親以及瑞士籍的優雅母親共進早餐，飯後他的爸爸竟然和我單獨聊天……。

「我們的達米安諾從小就和別人不一樣……」

即將離別前突然吐出的這句話讓我留下不少想像空間，我可以把安慰自己的答案放上去，減輕這段期間曖昧不明對我所造成的嚴重折磨。然而當達米安諾送我去搭車回翡冷翠時，臨行前那緊緊的一抱才真的把餘燼完全熄滅……我沒有激動，因為那感覺是「絕對同性」的，那一刻，我終於釋懷了！

這一年的翡冷翠竟然早早地就飄下白雪，或許我該回家了。

在托斯卡納移動

　　托斯卡納大區得天獨厚的美景使其成為義大利的觀光重點，因此首府翡冷翠和境內的西耶納（Siena）、比薩（Pisa）、路卡（Lucca）、阿雷佐（Arezzo）皆有區內火車聯繫。至於到聖吉米納諾（San Gimignano）與奇樣地的小城，以搭乘長程巴士較為便利，巴士站位在新聖母瑪利亞火車站的附近。由於奇樣地距離翡冷翠不遠，因此在翡冷翠有許多旅行社提供一日遊的行程，品酒、用餐、甚至騎腳踏車，內容包羅萬象。若是要到比較偏遠的蒙特布魯恰諾，則是建議租車。英文譯為「佛羅倫斯」的翡冷翠是義大利國鐵西部幹線的主要停靠站，往北到米蘭或威尼斯、往南到羅馬皆有高速的歐洲之星相連，行車時間大約都在三小時之內。

聖十字教堂是翡冷翠的萬神殿

理性的 10 年

有時候，人走了一大圈之後卻發現又回到原點。在義大利住過十年，如今我駐足於台北的街頭，看著車水馬龍與打扮時髦的人物與景象，突然間有點不知所措！過去我也是其中的一份子，甚至是走在前端的，現在卻好似被某種無形的絕緣體給阻隔在外，我的腳步跟不上他們，連心都是倦怠的，為何會如此？一時之間我還找不到答案，難道是我對義大利還有眷戀？

　　銀行的工作機會我放棄了，因為我不想走回頭路。上班？我很害怕又會重蹈三年一變的覆轍。長住義大利的那段時日並沒有磨去我的任性，相反地，卻讓我勇敢地去接受反動的自己！我知道唯有如此，才能感到真正的平靜。於是，我開始過著「打工」的生活，由於沒有公司與頭銜作後盾，有工作找上門就接：特約採訪、口譯、筆耕、審書、演講、旅遊規劃……只要是與義大利文相關，全都硬著頭皮去做！事前的準備、事後的補充……沒想到日積月累，竟然也建立起一片小天地！

　　每年，我還會給自己一個月的時間，挑選義大利的一個區塊做「大旅行」。這段期間，我沒有目的，只覺得完全的孤獨才能給我絕對的自由！一個偶然的機緣閱讀了《牧羊少年奇幻之旅》，在經歷過一連串的顛沛流離之後，主角發現原來寶藏就在自己最初的起點！或許就是要經過痛苦的歷練，才會睜開心靈之眼！我不再像以前那樣擔心跟不上時代：現在流行什麼，我渾然不知，根本無法隨之起舞。資訊氾濫爆炸，我卻「弱水三千」，只專注於義大利這一塊，對「知識恐慌」自然免疫……難道我天生就是注定得與社會「背道而馳」？

03
Capitolo

兩個海灣與西西里島

(Due Golfi e La Sicilia)

結束在義大利讀書的歲月回到台灣也好幾年了，一年一度的「大旅行」走過米蘭、威尼斯、羅馬，把當初沒有選擇這幾座城市度過大學生涯的遺憾補足之後，觸角便開始往南延伸……拿波里（Napoli）這個治安不好卻是充滿文化的海港大城！獨自一人的旅行都是利用當地的大眾交通工具，於是我便在拿波里中央車站的附近暫居下來，每晚不絕於耳的警車與救護車的刺耳鈴聲，以及癱睡在大街上的遊民及有色人種，將近一個月的「相伴」之下，倒也習慣了。

為什麼一定要來這種令人膽戰心驚的環境旅行？是天性中的反骨在作崇嗎？不！因為這裡曾經是南義王國的首都，法國的安裘王朝、西班牙的亞拉岡王朝、波旁王朝都曾在此留下偉大的印記，還有維蘇威火山（Vesuvio）可怕身影的時時威脅……。其實說穿了，又是自己不想居於流俗的虛榮在鼓譟，因此每趟大旅行都得「顛沛流離」一番才甘心。

其實要在一個地方住上一段時日，才能看到刻板印象背後的真實靈魂。這並非我第一次來拿波里，然而過去幾段旅程的短暫居留，只讓我看到這座海港的破敗與外地人的嘲笑，可是為何十九世紀流行於歐洲藝文界的「大旅行」皆不會錯過這裡？而且還宣稱此地充滿迷人的「異國風情」呢？我想探索隱藏在喧囂紊亂的市容底下，什麼才是其真正又堅實的核心？於是「定」下來之後，便直接往「劈開的拿波里」走去，密度很高的教堂其間參差著販賣蔬果的雜貨店、百貨鋪，路邊甚至還有舊書攤！這是非常矛盾的景象，也

或者是生活的苦難造就出精神的寄託，實在太有趣了！

　　在即將離開港都的前夕，我決定再到那片「光怪陸離」的老城區去走訪所謂的「地下拿波里」。那亦是一段很詭異的緣分，記得第一天初到時，才在王宮斜對面極為著名的崗布林奴斯咖啡館（Caffe Gambrinus）的露天座位坐定，突然一名素昧平生的遊民把一本小冊子丟在我的桌上，然後不發一言匆匆離去。我摸不著頭腦地拿起小冊子，上頭寫著「與奧斯卡‧懷德喝一杯咖啡」，而那位衣衫襤褸的陌生人早已不見身影，就在我四處張望尋找那縷奇怪的幽魂時，發現了地下城的蹤跡。然而適逢週末午後的老城區卻是出奇的寂靜無聲，所有的商店全都關門休息，連教堂都大門深鎖！不過將近一個月在破落雜亂的小巷中出沒，似乎膽子也傻傻地跟著養大了。其實上午就發覺自己被兩個年輕人給盯上，但卻不以為意，因為我的背包反揹在前，相機掛在背包的內側，如此嚴密的防護他們是很難得逞的，而且有位當地的女士跟著我一起走，應該還算安全。誰知這兩個騎著輕型機車的痞子，竟然拉住我的相機背帶就往前衝，我一個重心不穩趴跌下去，對方竟然還不鬆手，於是我便拉住背帶往後扯，這場「拔河」當然是那兩個小流氓占盡上風……。

　　「快放手，人家跌倒啦！」那位女士大叫，兩個小痞子才放開並揚長而去。

　　我簡直氣急敗壞，也不管膝蓋磨破的傷口，當街暴跳如雷！對面有家剛打烊的餐廳，正在收拾戶外用餐區的侍者看到我的「慘狀」，急忙把倒放在桌上的椅子擺好讓我坐下，還到裡面去倒了一杯水給我，好平撫我激憤的情緒。而那位好心的女士看到有人接手我這顆「燙手山芋」之後，便直接往老街深處走去，她是這裡的居民，知道那兩個痞子不會去搶她。我想這一幕她早已見怪不怪了，因為我最敬佩

兩個海灣的亂：王宮與平民窟

羅馬帝國滅亡後，南義一直是統一的王國狀態，只是皇室都是非本土的外族，因此造成繁華與破敗並存的矛盾景象。其中尤以首都最是明顯，因為路名不連貫又眾多而被稱為「劈開的拿波里」（Spaccanapoli）這一帶，宮殿、教堂、小廣場和聖人立柱櫛比鱗

1. 拿波里的波旁王朝大皇宮
2. 拿波里陋巷中賣書的雜貨攤

次，舊貨鋪與雜貨店參差其間，髒亂又窄小的街道上方飄著住戶晾曬的衣物，但在這些「萬國旗」底下的流動攤販卻是在賣書！穿過這片拿波里最具當地民生氣息的「心臟」，散塔露琪亞的海邊則是充滿高級旅館的寬闊氣派，公民投票廣場（Piazza del Plebiscito）上有波旁王朝的大皇宮，伸入海中的蛋堡（Castello dell'Ovo）是法國安茹王朝的「男性象徵」，佇立港口旁的新堡（Castel Nuovo）是西班牙亞拉岡王朝的勝利標竿……，或許是長期的外族統治，才會使得處於劣勢的拿波里人用「無賴」來消極抵抗吧！

拿波里最富盛名的散塔露琪亞海邊

的丹麥童話作家安徒生早於十九世紀遊歷拿波里時，就碰上同樣的遭遇，嚇得他急忙打道回府，所以這樣的「傳統」至少也持續了兩百年，成為這座港都最「嗆辣」的味道之一！

「你們拿波里人都這樣對待觀光客的嗎？」我怒氣未消地對著侍者抱怨。

「您住在哪裡？待會我下班開車送您回去。」真是可憐的人，整件事根本與他無關。

被搶的陰影把原先對散塔露琪亞（Santa Lucia）那片美麗的港灣所建立起來的美好印象完全摧毀！連日後帶著《冒險王》的攝影團隊前往拍攝節目時，也不忘時

時叮嚀：「注意小綿羊！別讓它靠近！」就算是老城區店家贈送香噴噴的現烤麵包也掩不住對痞子的厭惡。而從米其林一星餐廳喝完醉人的港都醇酒出來後，大家仍是緊抱皮包、貼著牆壁走路，時時警覺痞子的身影。或許這座南義大城因為歷史上的王朝更迭而有著苦難不堪的過往，但是長期以此作為藉口而不知改進的話，不就真的證實了「可憐之人必有可恨之處」的說法？

「我碰上兩個小無賴，他們騎機車搶我的相機，還害我跌傷膝蓋！」

在前往羅馬的歐洲之星車廂裡，一對拿波里老夫婦很高興能有旅人獨自在他們的港都家鄉待上一段時日，想著我應該會對享譽國際的歌謠中所描繪的無敵海景讚嘆不已才對，沒想到劈頭聽到的第一句回答竟然是「跳腳」，還展示結痂的傷口給他們看！老人家只好尷尬地搖搖頭：「這些年輕人⋯⋯唉！」我倒是忽然間想到那位來自瑪麗亞・泰瑞莎女王所在的精緻奧匈帝國宮廷的公主，由於政治聯姻而下嫁到拿波里來，當她看到自己未來的夫婿斐迪南多四世那副「痞子」樣時，真想立刻轉頭走人⋯⋯唉，可憐的卡羅琳娜！

由於即將在世界遺產協會講拿波里，於是把所有的正片全都拿出來整理，看見其中第一次與貝魯佳的台灣同學一起出遊的照片，真是感慨萬千！如今大家早已各奔東西，當時的一團情感糾結，也全都隨風而逝。然而只有在年輕的時候，才會有那種強烈的情懷，雖然痛苦，卻是一段非常美好的時光。那時同行出遊的五個人中，我是「狀況外」，沒有牽扯其中，所以只有郊遊的感覺，加上不知哪來的突發奇想，想要學學電影《情人》中的女主角戴頂帽子去搭船，因為電影中那幕她穿著不合腳的高跟鞋跨在渡輪上的情景，我覺得很經典，而且那種頹廢又世紀末的氣氛，實在是美極了！因為劇中那個小女孩戴的是男帽，於是在班尼頓買了一頂不是很女性的草帽，外加一個草編的後背包，決定很「情人」地去遊拿波里灣。

「幹嘛戴帽子呀？四月份經常下雨哩！」其中一位同學這麼問。

「這樣感覺很『情人』啊！」所以雖然身穿毛衣，頭上還是硬帶著那頂草帽。

不過這頂帽子還真的變成我名符其實的「情人」，因為天空老是烏雲密布，甚至下雨，戴著會影響視線，因此經常拿在手上。為了怕我的「情人」丟掉，還得時時提醒自己，一點也瀟灑不起來……。唉，根本是自找麻煩！而且由於太過「物欲」，所以對於途中其餘四人之間所產生的化學變化，根本毫無所悉。一直放不開的結果，造就了「莫非定律」的發生。旅程結束後，回到中部的貝魯佳時……。

「咦，妳的『情人』呢？」看到我兩手空空，他們問。

「啊，在火車上！」

於是我的第一頂「情人」在彼此相處了一週之後，棄我而去！多年後，因為擔任輔導員的關係，我又重回拿波里灣，這次真的是夏天，陽光豔得不得了，於是在翡冷翠的時候，特地跑到皮件市場去買頂帽子，這不禁讓我回想起當初遺忘在火車上的那頂「情人」……。

我們的司機來自北義的亞歷山德利亞大城（Alessandria），很喜歡「皇后」樂團，唉呀，真是正中我心！他們唱出太多經典了，但隨著主唱因愛滋病去世，如今早已成為絕響！就這樣聊呀聊的，旅途倒也生色不少。根據我的經驗判斷，他應該是個三十歲以下的「小朋友」，所以彼此之間不會擦出什麼特別的火花，而且我也不必刻意顧及形象，愛怎麼做，就怎麼做！此外，像是補償心理一般，沿途草帽不離頭，連在車上也一樣，因為與第一頂「情人」相處時間太短了，這次決定把它一直戴在頭上，這樣就不會再搞丟了。

到了蘇連多（Sorrento），等大家都分房完畢後，「小朋友」跑來跟我說：「今天請妳吃晚餐，這家旅館有餐廳。」我掃視了一圈，露天吃飯耶！這是南義最道地的仲夏味，而且還有人出錢，當然答應了。音樂、美食、碧藍的大海……即使是當地的高失業率、居民不雅的舉止或者稱之為「粗獷」，都抵擋不住全世界的人爭相前來這片「天堂之海」！尤其是小巧的蘇連多，簡直是南義最佳的度假勝地，想到它的海鮮……。

「妳當我女朋友，怎樣？」

兩個海灣的亂：披薩

披薩幾乎是拿波里的代名詞，它的成分其實很單純，就是用麵粉、酵母、鹽和水去揉成麵皮，上面加醬料之後送進烤爐就完成。傳統的拿波里披薩只有兩種口味：蕃茄、大蒜、奧利岡香料與特級橄欖油為醬料的水手披薩（Pizza marirana）和蕃茄、莫札瑞拉乳酪、羅勒與特級橄欖油

1　1.「Brandi」是拿波里西班牙區著名的披薩店
2　2. 拿波里人有口皆碑的「Da Michele」披薩店

為醬料的瑪格麗特披薩（Pizza Margherita）。既然披薩是拿波里的平民美食，所以生著柴火的磚窯也成為這裡的披薩店最基本的配備，有些位在西班牙區的小店，窯旁還會堆著砍好的木柴，這些不起眼的元素正是披薩會好吃的主因，再加上不修邊幅的作法與用餐氣氛，更增添這種簡單麵食的美味。

嘴巴裡塞滿炸花枝、雙手還在忙著剝蝦殼，我能怎樣？「安德烈，你幾歲？」

「三十五！」

「如果你三十五，我就五十五，可以當你祖母了！」

「少來，依我看，妳應該不會超過三十五歲。」義大利真是熟女的天堂！

「小朋友，說實話，你到底多大？」

「二十六，可是我心智很成熟！」

「如果我動作快一點，在國中的時候當媽媽，就可以生出跟你一樣大的兒子啦！」

「可是妳知道嗎，現在義大利很流行女大男小耶！」

是呀！電視上的談話節目，用濃妝把自己畫得艷光四射的祖母級女星，帶著乳臭未乾的小俊男，大談彼此的濃情蜜意。但是這位小朋友竟然沒有自己的中心思想，只是因為流行，可惡啊！正準備要大肆說教一番時……。

「這白酒不錯哦！」「小朋友」舉杯。

「嗯……真的很好喝。」咦？剛剛我要說什麼？突然間想不起來……對了，要罵人！

「我們去海邊散步。」不等我開口，他竟然就拉著我往前面的小碼頭走去。

天上一輪明月在海面灑下整片的銀光，我終於親身體會到〈散塔露琪亞〉這首歌的意境：「Sul mare luccica, l'astro d'argento, placida e` l'onda, prospero e` il vento...」（在明亮的海面上，灑落點點銀色的星光，浪波不興，微風徐徐……）眼前這位，實在是不難看的年輕人，有北義人的高大魁梧，而且雙眼還閃爍著日本漫畫中的「星光」……，但是對於「小朋友」的任性，我早就敬謝不敏了！

「你看，角落那家菸草鋪還開著耶！」

「幹嘛？妳要買菸嗎？」

「我想買彩券，中了就在這裡買幢別墅！」

「真沒情調！」

對付「小朋友」，就是要比他們更無厘頭！而且隔天我想早起到附近山頭的陶瓷小鎮去逛逛，所以必須早點上床睡覺。還好離開蘇連多之後，就要直接回羅馬，彼此也就分道揚鑣了。不過在車上，我還是依舊頂著草帽。

「妳戴這頂帽子很好看。」是嗎？我就故意不戴！

羅馬畢竟是個繁忙的大都市，大車不能久留，下完行李就得馬上開走，大家又急著要去看噴泉、教堂與梵蒂岡，一陣忙亂之後，終於回到自己的房裡，這才驚覺頭頂空空。咦？手機響了……。

「妳的草帽留在車上了！」是「小朋友」打來的。

「安德烈，你開到哪裡啦？」

「快到翡冷翠了，今天晚上我得趕回亞歷山德利亞。」

「那，我的帽子應該拿不回來了……」

「我沒辦法往回開了，不過……妳是故意的，對不對？把這頂帽子留給我當信物，所以妳對我是有意思的……老奶奶！」

說完他竟然馬上掛掉電話，我……我……氣死了！不只手機打不通，我的第二頂「情人」又丟了！

我對於南義過往的認識亦是隨著日後的閱讀而慢慢累積起來的，最先植入腦海的是雄才大略的斐特烈二世，他因為得罪教皇而被開除教籍，並將神聖羅馬帝國的王位轉封給法國的安茹王朝。這個來自法國羅亞爾河地區的外族不僅把斐特烈大帝家的男丁全部殺光，還把首都從西西里島的巴勒摩（Palermo）移到拿波里！據説大帝年僅十二歲、擁有日耳曼人金髮碧眼優良血統、長相極為俊美的幼孫可拉汀諾，在新國都的市集廣場被斬首，屍骨就埋葬在今天位於吵雜髒亂的中央車站旁邊的卡密內教堂（Chiesa Carmine）中……，多麼浪漫又壯烈的死亡啊！

早在中學的時候就讀過斐特烈大帝的事蹟，如今置身於當時事件實際發生的海港大城，感受更是強烈。為了追溯七百多年前的王朝更迭，我翻閱了喬瑟伯・坎波里耶第所著的《拿波里史》，那股偏向故事筆調的敍述鋪陳，讓我對消滅英雄的安茹王朝稍微負面的觀感翻轉了過來，我想最主要是因為那兩位豪放的女王吧！喬凡娜一世比較尊重傳統，結了四次婚，第一次因為政治婚姻的關係嫁給了表哥安德烈，夫妻爭奪拿波里王位的結果是女王買通同夥謀害親夫，成功之後再與她所愛的另一位表哥路易結婚；喬凡娜二世出身於與喬凡娜一世敵對的親戚杜拉佐家族，雖然和波旁的賈柯摩結婚，卻擁有無數愛人，逼得明媒正娶的丈夫退隱回法國，並穿著方濟會修士的道服直到生命終了。

炎熱的夏天，我在蘇連多熱鬧的市區等候小型公車，眾多又

擁擠的觀光客使得司機的不耐煩表現在對我的詢問「蘇連多岬角在哪裡？」來個相應不理，一名好心的乘客說他會叫我。下車後又遇到路邊友善的水果攤主人大手一指，我沿著一條不起眼又曲折的小徑往下直走，兩旁皆是普通的民家與茂密的樹叢，路的盡頭是海天一色的峭壁，在羅馬別墅古蹟中穿梭之後，終於看見那隱在海蝕洞穴中的「喬凡娜女王的泳池」。我興奮地鑽進那片被大海鑿出的天然鹹水池邊，這裡沒有沙灘，海水澄澈而平靜，因為浪濤全被阻擋在那道小小的岩石裂縫外面，有幾個歐洲人在裡面游泳，我脫掉鞋子把腳浸入那懾人的透明液體裡，一股沁涼直竄心神……七百多年以前，喬凡娜二世就是在這裡和她的愛人們游泳戲水、全身一絲不掛！

　　第一位喬凡娜於十六歲時登上拿波里女王的寶座，不過結了四次婚的女王只與第一任丈夫生下一個男孩卡羅，但卻不幸早夭，她打算將王位傳給亦是叫做卡羅、來自杜拉佐家的表親，後來因彼此支持的教皇不同，喬凡娜戰敗被囚禁在巴西里卡達的城堡，並於 1382 年遭到殺害。第二位喬凡娜的父親正是殺害第一位喬凡娜的主謀，她登基時已經是四十一歲的寡婦了，為了王朝的生存，她再次下嫁於波

1. 喬凡娜女王的天然泳池
2. 維蘇威火山的可怕身影

旁家族的賈柯摩，但卻否定丈夫對拿波里王位的繼承而將大權交給她所寵信的朝臣卡拉裘婁，此舉使得她的「正宮」只好回去法國老家；1435 年喬凡娜二世去世，安葬於港都的聖母大教堂，她的死亡也代表著法國安裘王朝的日薄西山與西班牙亞拉岡王朝的入主拿波里。

　　喬凡娜二世被後世描繪成獨斷、揮霍又荒淫無度，除了與寵愛的大臣們有不倫的關係以外，她還會派遣密使到坊間去物色，只要是外表俊美，即使是販夫走卒也全都「一網打盡」！不過一旦個人慾望獲得滿足之後，為了顧及名聲，便把這些獵物丟進安裘王朝在拿波里所建的「男性象徵」新堡中的一口井，據說底下養著一條從埃及引進的鱷魚……。因為事先沒有準備，只是沖著對這位不羈女王所留下來之傳奇口碑的無限遐想，便直接下到這座天然泳池，這股世外桃源的意境也難怪會讓人想要天體嬉戲一番。而我卻只能把雙足浸入這潭「春水」之中，過過乾癮。決定擦乾腳丫穿鞋時，卻冷不防地與尖銳的岩壁「正面對決」，頓時眼冒金星差點站不住腳，還好沒有破相，否則血流滿面鐵定會驚嚇不少人，只是得頂著額頭的大包去搭公車……，但這並不會打消在心中悄悄萌生的念頭：下次再來，我決定要效法喬凡娜二世！

兩個海灣的巧：地區小火車

拿波里安裘王朝所建的蛋堡

從拿波里的中央車站地下月台發車的環維蘇威火山線（Circumvesuviana），是屬於坎帕尼亞大區的地方火車系統，顧名思義就知道這些小火車跑的路線完全不脫離對美麗的拿波里灣「虎視眈眈」的可怕身影。西元 79 年維蘇威火山大爆發，不僅毀滅當時最繁榮的羅馬城市龐貝（Pompei），還有精緻的艾克蘭諾（Ercolano）、暴君尼祿第二任妻子擁有之波貝阿別墅所在的歐普隆提斯（Oplontis）、史塔比亞（Stabiae）、皇家森林（Boscoreale）等小鎮與帝國貴族在山腳下的漂亮莊園，一夜之間全都深埋在灰燼底下，如此快速地消逝也把這片繁華瞬間鎖進時空膠囊裡，再次見到陽光時也目眩了世人的眼睛。這列行駛於維蘇威火山周邊城市的地區小火車就像是時光機器，開進兩千年前的帝國盛世裡。

「妳不去啊？」

「哦，我這次不走水路。」

其實身為輔導員，責任的輕重是相對的。基本上會來參加這種半自助團體的人，都有某種程度的獨立自主性，他們的手上備有詳細的資料，出門前早已知道自己想要看的是什麼，我把他們送上前往卡布里的大船之後，便到火車站前去買巴士票，再走一次享譽國際的「藍色公路」，不過目標卻是位於山頂上的拉維羅（Ravello）。

我們的司機曾問我：「妳不到海邊游泳呀？去那裡幹嘛？買別墅嗎？」

拉維羅的起源，據說是君士坦丁大帝時期，一群要移民到新國都君士坦丁堡的羅馬人遇到船難，漂流到此上岸而建立的城市。不過根據真正的歷史記載，它的發展應該是在西元十世紀左右，當時開始了第一批別墅的建築。中古時期，與底下靠海的阿瑪菲（Amalfi）相抗衡，戰爭與殺伐並沒有毀掉這座城市的商業活動；到了安裘王朝，拉維羅的許多貴族成為身負高貴職務的官員，一些叫得出姓氏的響噹噹名號，例如「Sanseverino」、「Colonna」、「Piccolomini」……都在這裡擁有房地產。在這裡擁有房地產……是什麼滋味啊？

山腳下的阿瑪菲熱熱鬧鬧地，義大利第一批度假人潮也湧來

了，嗡嗡嗡地到處都是戲水的遊客。大約半個小時的蜿蜒車程，我卻來到了一個寧靜的隧道前。穿過隧道，炎炎的烈日依然高掛，白到教人睜不開眼的主教堂前，一張張大布傘下的露天咖啡座上並沒有吵雜的人群，在這裡終於避開了南義夏季的熙熙攘攘，拉維羅給我的第一印象，是美好的。隧道口旁的古樸莊園，正是建於西元十三世紀的魯佛婁別墅（Villa Rufolo）。魯佛婁曾是拉維羅最富有、也頗具影響力的家族之一，還被薄伽丘的《十日談》取材，成為這部有趣小說其中一則故事的傑出商人主角。魯佛婁別墅的美，在於它那躲藏在扶疏花木中的廢墟式圓拱、洞穴、迴廊，以及沿著山崖闢出的高高低低、有層次的花園。1880 年華格納到此，受到這座別墅的啟發，而產生作曲的靈感，因此拉維羅又被稱為「音樂之都」。夏天的音樂季就在面海的平台上舉行，舞台都搭好了呢！

美麗的阿瑪菲海岸

兩個海灣的巧：圓頂

由蘇連多往南就是另一個海灣沙雷諾灣的開始，地區小火車沒有延伸過來也就等於脫離維蘇威的蹂躪範圍，所以天堂之海就以最無畏之姿來展現它的美麗。阿瑪菲海岸（Costiera amalfitana）凌空的險峻與湛藍的潮水令世人為之驚豔，但若無沿途的小城來點綴，或許就會美得沒有靈魂，因為人文會增添風景的溫度。波西塔諾（Positano）、阿瑪菲（Amalfi）與拉維羅（Ravello）可說是阿瑪菲海岸的「三巨頭」，豔夏的觀光人潮擠爆三座小鎮的旅館、淹沒濱海的沙灘；不過若把腳步再往南走去，瑪伊歐里（Maiori）和明諾里（Minori）更有南義本土的慵懶氣息，蜿蜒的峭壁公路經常

1. 阿瑪菲海岸線上小鎮經常
   可見彩色圓頂
2. 阿瑪菲海岸的波西塔諾

會與嵌滿彩色陶磚的大圓頂相遇，多少巧城就靜靜躲在這片碧海藍天之中。

沿著兩側都是美麗小屋與庭院深深的聖方濟小徑往前行，茂密的樹木提供令人心曠神怡的散步環境。更難得的是，整條路上目前竟然空無一人！然而另一座琴布隆內別墅（Villa Cimbrone）似乎在盡頭呼喚著我，我就像是要去見一位未曾謀面的神祕情人般地義無反顧，樹蔭下的咖啡香與慵懶笑語，竟然都留不住我的腳步。它長得什麼模樣？我會愛上它嗎？

　　轉入聖女奇亞拉路之後，視野開闊了。教堂裡傳來孩子們唱歌的聲音，遙望遠處的大海，與山頭處處挺立的海松，我想我會愛上它的……。果真，入口的一列大陶缸就讓我一見鍾情了！主體建築亦是高高低低的形式，然而花園卻是一片平坦，一條直通到底的園中主幹道，把我帶往最教人膽顫心驚的面海平台，沿著鐵欄杆迤邐在懸崖邊的一排半身雕像，就是琴布隆內別墅最經典的畫面。把身體稍稍探出往下望，那種凌空的感覺竟然令人不禁腿軟。這個神祕情人的美，很教人震懾，但也很可怕！瑞典女星葛麗泰 · 嘉寶與她的樂團指揮男友斯德可斯基，曾在這座別墅度過幸福的時光，它那股濃濃的羅馬味，的確就像是古畫中的「阿卡迪亞」。

1. 拉維羅的魯佛婁別墅
2. 阿瑪菲海岸線上的拉維羅

在阿基米德的故鄉西拉庫沙（Siracusa）下了火車，剛好就發現一家名為「阿基米德」的旅館，於是就住了進去。在義大利，普通的旅館大多包含早餐，不過都是「大陸式」的，也就是只有麵包和咖啡。這家阿基米德旅館看起來是家庭風格，溫馨、乾淨，長途的旅行中，夫復何求？獨自旅行時，我很喜歡在旅館吃早餐的感覺，即使只有一根牛角麵包、一杯卡布奇諾，但是一早起床就能聞到廚房飄來的咖啡香與奶油的烘烤味，這樣就很令我滿足了！當我坐在角落享用我的早餐時，下來了一家四口金髮碧眼的外國人，聽他們的交談，應該是來自阿爾卑斯山另一邊的日耳曼民族。在長桌拿完食物以後，他們也坐了下來。

「先生，每個人只能拿一個可頌，您拿這麼多，後面的人就沒得吃了！」

其中那位父親很驚恐地看著在餐廳服務的老人，有點不知所措；我則是看著自己的桌上，還好剛剛我只拿一個，要不然我也被迫得繳回麵包哩！

「因為今天是禮拜天，只有我一個人當班，沒人出去買麵包……」

老先生一邊把從德國家庭桌上收回的牛角放回原處，嘴巴還一邊叨叨絮絮個沒完，而那四位體格不算小的金髮家族則是乖乖地吃著桌上剩下的麵包，我想他們的心中一定感到大惑不解：「這裡並沒有規定一個人只能拿一個啊？」

其實我也是很納悶，既然麵包都擺在開放式的餐檯上，就是「無限暢飲」的意思，而且在同等級的旅館中，這家阿基米德並沒有特別便宜，怎麼還要限制房客吃牛角的數量？不過在西西里島，有些事情是不能以義大利的標準來看待的……。

隔天，當我下來吃早餐時，這次餐檯上竟然連一根牛角也沒！在昨天同一張桌子坐下來，那個老人竟然又出現了，手上端著一只盤子，上面全是牛角。

「今天他乾脆用『配給』的，老頭！算你厲害……」我心想。

他把一根熱騰騰的牛角夾到我的餐盤裡，好香啊！和昨天那種外頭還有小塑膠袋包裝的牛角完全不一樣，是新鮮的耶！迫不及待地咬上一口，誰知裡頭竟然包著巧克力餡，「爆」得我嘴唇四周與兩隻手都是黑黑的漿。還好我是第一個下來吃早餐，沒有人看見，老頭也早已轉身進了廚房。正當我在清理這場「災難」時，那個德國家庭又出現了，餐檯上沒有任何麵包的痕跡也讓他們感到很奇怪，但昨天曾被迫繳回麵包，所以這群金髮人就乖乖到同樣的座位坐好。老頭馬上出現在他們的餐桌旁，為每個人夾上熱騰騰的牛角。當我看見那個爸爸也像我一樣抗拒不了新鮮牛角的魅力時，就知道「災難」即將發生。不過他比我還慘，因為咬太大口，不只整個嘴巴四周，巧克力漿還爆到鼻子上去！

「您還要嗎？因為是禮拜一，有人出去買麵包，所以您要吃幾個都沒問題！」

老人身手矯健地又出現在德國家庭的餐桌旁，滿手滿臉都是黑色巧克力漿的爸爸根本不知所措，而他的老婆、小孩則是在一旁笑翻了。

西西里島的傳奇：甜點

曾採訪過一位專做法式甜點的台灣師傅關於義大利甜點的印象，回答竟是「沒有結構」！我不曉得所謂的結構意指為何，但我想西西里島的甜點可能會讓他更驚嚇，因為「又粗又甜」！源自阿拉伯傳統的「Cassata」是一種稱為「西班牙麵包」的蛋糕狀甜點，內餡為用糖加工的新鮮奶酪並以糖漬水果和果皮為裝飾；維妙維肖的水果外觀皇室糕點「Martorana」則是以杏仁粉和糖「喬裝」而成，據說是瑪托拉納（Martorana）修女會發明；而最普遍又平民化的「Cannoli」是以炸成酥脆的餅皮捲成筒狀，中心灌入甜奶酪，除了原味以外，還有加上開心果碎片與糖漬水果等口味。

1. 西西里島的糕餅店師傅
2. 西西里島加上糖漬水果的「Cannoli」
3. 西西里島源自阿拉伯傳統的「Cassata」

　　一段時日之前和台中的朋友約好要到埔里的山中去進行我們的「葡萄酒友會」，卻在台北車站的高鐵售票櫃檯前巧遇多年前曾一起到西西里島「出任務」的主持人……。

　　「嗨，林姊！」突然間有個年輕男生叫住我。

　　「啊……宥勝，是你！好久不見。」

　　「妳最近好嗎？」

　　「還不錯！你呢？西西里島之後，還跟《冒險王》去了哪些好玩的地方？」

　　「噢……我已經不跟《冒險王》出外景了，我現在在拍偶像劇。妳有看《犀利人妻》嗎？」

　　「嘎？那是什麼？對不起，我是個『老太太』，很少看連續劇……」

　　我的「狀況外」讓他感到有點尷尬，不過宥勝是個很有禮貌的小孩子，幾年過去了竟然還會主動打招呼，這點很令我感動。後來才知道他因為這檔戲走紅，我想那時他大概恨不得在我頭上鑿個大栗爆，但我是真的很替他高興，他的願望終於實現了，而且才在短短的幾年時間！還記得 2007 年和攝影團隊相約在羅馬的機場碰面，然後就一起直接飛往西西里島的首府巴勒摩（Palermo）開始工作，先前的聯絡事宜我並沒有參與，所以詳細的拍攝計畫我完全不瞭解，反正節目的名稱就叫做《冒險王》，那就邊走邊冒險吧！主持人是第一次出大差，之前他曾到澳洲去自助旅行過，然而那塊

充滿「自然野性」的新大陸，與歐洲這塊瀰漫著「人文知性」的舊大陸差別是很大的⋯⋯。

「林姊，我想要拍主持人在馬路上替人家洗車窗的畫面。」企劃向我提議。
「好⋯⋯我們試試看。」

其實接下這種「盲目任務」，對我這個一向喜歡在事前做好詳細規劃的保守份子而言，也是一項挑戰，更是訓練自己臨機應變能力的大好機會。在南義、尤其是西西里島，因為地理位置的關係，充斥著很多來自非洲國家的偷渡客，非法的身分加上謀生不易，他們經常會在車水馬龍的大道上，趁著紅燈禁止通行的短暫時刻，拿著清潔刷去抹小轎車的擋風玻璃，然後再向車主收取微薄的費用。這是一種收入極不穩定的工作，有些車主基於同情，事後會給予小銅板當作酬勞，不過施捨的意味極濃；有些車主則是不動如山，車窗從頭到尾完全緊閉，等到綠燈一亮便疾馳而去，根本不予理會；有些車主甚至在這些人準備接近時，就大聲斥喝不許過來，猶如在驅趕令人厭惡的蒼蠅一般。

在幫派充斥的西西里島街頭上，這些流動洗車人似乎也有各自的地盤，因為我們的司機先生是土生土長的巴勒摩居民，他先帶我們巡視幾個他經常會看到不認識的「熟面孔」出沒的路口，最後決定在靠海邊的大道上去拍，不只扛著攝影機跑起來比較方便，也可以讓「願意被洗車」的機率大增。不過首先的難題得靠我去交涉，就是要去向那些偷渡客借清潔刷與水桶來作為道具。硬著頭皮由司機先生充當保鑣，我們就朝著躲在樹叢後頭的兩名北非人走去，可能是我的東方面孔讓他們願意「接見」我們，說明原由之後，對方開出五歐元的租賃價格。對他們而言，這或

西西里島的傳奇：黑幫

在波旁王朝主政時期，西西里島開始出現「Mafia」這個名詞，因為當時在西西里島出現無政府主義的盜匪群，而由於地理位置的關係，犯罪之後很容易地就可逃往北非。其實南義長期的外族統治與自羅馬帝國時期便存在的大地主型態，使得保護自身利益成為必要之惡，這是因為在上位者隨著政權更迭而經常替換，夾在中間的既得利益者為保障權益而必須讓新的統治者妥協，他們還把家族關係擴及利益共同體，以殘酷的手段殺害異己，不僅報復還可收殺雞儆猴之效。二次世界大戰盟軍自西西里島登陸，這裡的 Mafia 開始與紐約的黑幫搭上線而被稱為黑手黨；1960 年代新舊黑手黨火拼，首府巴勒摩成為殺戮戰場；1993 年兩位對黑手黨做大審判的法官 Falcone 與 Borsellino 相繼遭到炸死，義大利政府採取鐵腕掃蕩，黑幫氣焰才逐漸壓低。

西西里島首府巴勒摩的主教堂

許比一整天在街頭閃閃躲躲、還要遭人無情驅趕的代價高出許多，但我卻很「喜出望外」：沒想到我沒有被他們趕走，而且還一次就成功哩！

「快！快！已經紅燈了！」攝影師大喊。

於是主持人抓起沾了水的清潔刷就往車陣跑去，而攝影與助理也「隨侍在後」。很多車主好奇地搖下車窗，看看這幾個東方人在路口匆匆忙忙地跑來跑去到底在忙些什麼？我趕緊向他們「說明來意」。剛開始我很害怕會吃「閉門羹」，畢竟大家都有點臉皮薄，加上綠燈隨時會亮，馬路如虎口，義大利人開車可是很猛的……。沒想到被我們隨機挑上的車主都很願意配合，主持人第一次洗車，動作並不是非常俐落，他們竟然還會耐心等待，而且胡亂刷完擋風玻璃之後，還真的付錢給我們！攝影鏡頭的魔力可真是神奇！有的車主甚至綠燈亮了還不肯開走，大聲呼叫我們去替他洗車哩！而主持人也越洗越順手，生意「蒸蒸日上」，專程排隊等著要他來洗車的人越來越多，反正勞資雙方只要簡單的肢體語言便可瞭解彼此的需求，我在那裡跟前跟後反而會礙手礙腳的，於是就放心地退回道路旁的安全島上。

「要不要提醒他們快點？有人已經不耐煩了！」司機先生指指躲在樹叢後面那兩個偷渡客對我低聲說道。

看著我們如此受歡迎，工作還「應接不暇」！跟他們一天下來可能還賺不到一張最小面額的歐元紙鈔相比，有如天壤之別，難怪那兩雙眼睛都快冒火了！我趕快跑去問製作人拍的鏡頭夠用了嗎？要不然有人要來打我們了……。

「可以了！可以了！不用再拍了！」斯文的製作人必須顧及到大家的安危，

1 2   1. 巴勒摩通往市區高速公路旁有大法官 Falcone 被炸死的紀念碑
       2. 巴勒摩的大劇院是《教父》第三集的場景

不過他害怕的不是車輛，而是拳頭！

「怎麼？不洗了嗎？」竟然還有「客戶」欲罷不能哩！
「我們『下班』了！」我回頭隨口回了一句。

　　把借來的道具還給對方，順便把剛才的全部所得送給他們，大家便急忙上車「逃離現場」，我看見主持人大大地鬆了一口氣，今天的冒險任務終於又過關了……。

　　刷票進到高鐵站內，瞥見宥勝靜靜地躲在角落上網，他要到南部去代言某項產品。如今他不必辛苦地去「冒險」了，很多瑣事還有經紀人代勞。回想到當初在西西里島的青澀模樣，那些磨練不知道現在他會如何看待？製作人、企劃、攝影師和助理，也不曉得後來的際遇怎樣？然而，那兩名偷渡客竟然出現在我的記憶裡，他們是否還在西西里島的街頭上洗車呢？

今天陽光普照，雖然說掛在陽台的衣服一直不乾，不過心情並不受影響。多年前去巴拉洛市場時，細雨紛飛，這次豔陽下的巴勒摩讓我好生期待⋯⋯。

到了市場時，很多店家才剛剛開張，這種早晨的活力最令人振奮，菜販水果攤的主人正在專心地排放商品，顧客還不是很多，趁機嗅嗅新鮮的味道，儲備一天的能量，因為待會兒可有一堆情況要應付呢！沒想到親愛的製作人放大家自由去喝咖啡，太好了！我最喜歡在市場喝咖啡了，因為這是最最平實的香醇，不必有任何精緻的排場，坐在小小的露天桌椅上，看著對面的肉販正在懸掛切開的豬隻與剝了皮的兔子、隔壁的老人正在擺魚⋯⋯，重新抓回在義大利生活的那份情懷，好好享受一杯現煮的瑪奇朵，即將面臨的挑戰就先擺在一邊吧！

年輕的主持人第一次出大差就到文化非常豐富多元的西西里島，而且語文完全不通，真是吃足了苦頭！不過這對他而言，也是一種震撼教育，他必須成為主角，我只能是輔佐的配角，因此當他走進攤位時，我就得找個角落隱藏起來不讓攝影機拍到，可是又不能離他太遠，免得聽不到我的翻譯，而商家看到陌生人大剌剌地闖了進來，根本搞不清楚這個東方人要幹嘛！然而人來人往地，主持人又到處亂跑，我也跟著跳來跳去，好辛苦啊！還好西西里島的人天生熱情，看到攝影機對準他們，竟然就自己擺起姿勢來，還此起彼落地吆喝，就希望《冒險王》能到他家去拍⋯⋯。真好！那，姊

姊我就去買些蕃茄乾吧！原本就該讓主持人自己去發揮的……不是嗎？

其實逛巴勒摩的市場是最有趣的一件事，亂烘烘地好熱鬧！我本身就很喜歡這種破敗中的「異國風情」，西元九世紀時，回教徒統治這座地中海的大島，留下的遺澤，至今仍隱含在西西里島的各個角落裡，而市集正是這股阿拉伯味的最佳體現。

「大姊，我們可以找個高點來拍全景嗎？」

正在努力啃著一公斤醃橄欖的我抬頭掃了一下周遭，就對面那棟破房子吧！問了樓下的魚販，回答說這不是他家。好吧，就直接往黑黑窄窄的樓梯爬上去……。

「會不會危險啊？」躲在我後面的製作人問道。
「試試看，我也不知道！」身為「大姊」的我能怎樣？只好一馬當先。

管他呢！節目需要，就硬著頭皮敲門。二樓是個非洲婦女，二話不說地讓我們進去看她的陽台，「好像不夠高……」製作人的膽子似乎變大了，我就又往上去拍三樓的破門，來應門的是個黑臉男子。「我們可以借你們的陽台拍市場全景嗎？」很突兀的要求，對方竟然也答應了。

「好香的咖哩啊！你們不是義大利人吧？」趁著《冒險王》在陽台拍景時，我和屋裡那兩個人聊天，好化解尷尬。
「我們是孟加拉人。」

西西里島的傳奇：市場

九世紀時，北非的摩爾人佔領西西里島，文化的蓬勃發展使得首府巴勒摩可以媲美當時的開羅；十一世紀諾曼尼王朝奪得政權，此島重回基督懷抱，但回教的餘韻至今仍到處飄盪，除了陶藝之外，就以市場最具有這股異國風情。巴勒摩的午奇利亞（Vucciria）、巴拉洛（Ballaro`）、卡波（Capo）以及卡塔尼

1 1. 西西里島各地都有傳統市場
2 2. 西西里島市場內的攤販

亞的魚市（Pescheria），攤販的叫賣聲此起彼落，有時甚至還帶著曲調，新鮮的海產、肉類、蝸牛、乳酪、蔬果、香料、蕃茄乾、醃漬橄欖與鯷魚……，還有滄桑的教堂與二次世界大戰遭到轟炸卻一直沒修復的破敗建築為背景，這就是西西里的魅力。

1 2 3

1. 西西里島常見的陶器
2. 西西里島巴勒摩以回教清真寺改成的教堂
3. 巴勒摩的巴拉洛市場

「喜歡西西里嗎？」

「很喜歡，我們在這裡過得不錯！」

屋內凌亂的鍋碗瓢盆、隨地擺著幾塊床墊……，卻讓咖哩顯得格外香氣逼人。把我們沿路為了拍攝而購買的蔬果送給這些素昧平生的異鄉好心人，感謝這份破敗小屋中的溫情。這時主持人像考完試般地鬆了一口氣……。

「巴勒摩的市場很好玩吧？」我問，至少姊姊我玩得很過癮。

「是啊……」主持人的回答中帶有某種弔詭。

「回去看帶子就知道了！」攝影師神祕地說了這一句，不過任務完成，都要開心地說聲：「萬歲！」

溫柔婉約、豪氣強勢，誰才是女王？

有個移居到米蘭（Milano）的黑手黨家族，事業做得很大，警方布線將這個家族從爺爺到孫子輩的男丁幾乎全都抓進監牢裡了，然而由他們所主導的毒品走私卻依然持續進行。在警方百思不得其解的時候，偶然間從此家族的一位即將出閣的孫女附帶的雄厚嫁妝中，才查出原來警察每次去他們家裡逮捕男生時，老是在廚房做義大利麵、拿著桿麵軸打小孩的阿嬤，才是真正的大首腦！

在首府巴勒摩的傳統市場裡，我見識到了西西里島女性的堅韌與豪爽。小小的店家中午很熱絡，因為那些炸海鮮實在是香氣逼人！這是家常飯館，所以沒有菜單，不過所有的菜色就全擺在入口處，一目瞭然，想吃什麼就直接點，老闆會根據人數的多寡送來適當的分量，這也是我喜歡在市場吃飯的原因，它會把繁文縟節減到最低。這家店負責收錢的是阿嬤，專門炸魚的是女兒，孫女則在旁邊招呼客人，而跑得滿頭大汗在端盤子的是孫女婿！

「我先生今天沒來，要不然會多一個跑堂的！」正要把沾滿麵包粉的蝦子放下油鍋去炸的女主廚高聲說著，然後哈哈大笑起來，真是豪氣萬千！

一肩扛起家計，在工作機會不多的西西里島上，這些女人撐起一片天。不過粗魯的動作與獅吼的嗓門，也實在是有些教人敬而遠之。但是那天晚上，當我們的司機先生艾烏堅尼歐的太太裘絲出現時，我們又看到西西里島另一種類型的女性。

「天哪！她怎麼可能是你太太？應該是你女兒吧！」

我們的司機笑得很開心，裘絲是純粹的家庭主婦，備受呵護讓她講起話來輕聲細語。到他們家去吃晚飯，艾烏堅尼歐也捨不得讓她一個人在廚房裡忙，看到胖胖的司機全身每個細胞都充滿對妻子的愛意，不由得心想：「同樣是女人，為什麼命運差那麼多啊？」

陪同《冒險王》到南義出外景，是一件充滿挑戰的工作，因為他們是由《散塔露奇亞的陽光》、《溫柔西西里》這兩本書而找上我。對我而言，這是一種肯定，所以沿途的突發狀況，我也只好一肩扛起：替他們爭取權利、與對方殺低拍攝費用……我簡直快變成了母夜叉！不只義大利人、連攝影師都好害怕！看著裘絲的廚房貼著小花壁紙，她只要溫柔地說一聲，根本不必吼，丈夫與兩個漂亮的兒子都來幫忙，她才是最厲害的女王！

「帶我的小兒子跟妳一起去台灣，那裡比較有工作機會！」我們的司機開玩笑地說。
「為什麼找我？」
「因為妳可以保護他！」

我……我……我也想當個被人寵愛的「公主」呀！我也是很溫柔的，雖然說要視當時的情況而定。

西西里島的傳奇：別墅

電影《風之門：情繫西西里》以一個小男孩從一次世界大戰前跑到現代，用小人物的成長經歷帶出西西里島的變化，沒有悲情卻帶著苦澀的幽默，很上乘的表現手法，不愧是出自《新天堂樂園》大導演之手。劇中出現教人印象深刻的怪獸雕像場景，正是位在首府巴勒摩附近的巴格利亞（Bagheria）小鎮，而鎮名就是電影的西西里方言片名。十八世紀巴勒摩的貴族盛行到此蓋避暑別墅，其中以帕拉哥尼亞別墅（Villa Palagonia）最負盛名，因為這座建築布滿造型奇特的怪異生物與神話中的精靈，尤其是後花園的圍牆上端更是怪物叢林，這也是西西里非常獨特的巴洛克表現手法。然而大型度假別墅維持不易的結果，便是改成雜居的民宅，並眼睜睜地看著這些充滿想像力的怪物隨風而逝。

巴勒摩附近巴格利亞的帕拉哥尼亞別墅

1. 巴勒摩市場內的家常小館
2. 帕拉哥尼亞別墅中的怪物雕像
3. 帕拉哥尼亞滄桑的別墅主體

　　已經快下午四點，我想那間「人魚酒窖」應該要開門了，所以慢慢散步過去。其實西西里島西部尖端這一帶很少被旅行路線包含在內，連當地人都說這裡「沒啥好看」。多年前當我獨自在島上行走一個月時，為了那一座座額立在鹽田中的紅色風車與那一顆顆覆上瓦片的鹽堆，在荒涼的小路旁等待不依時刻表運行的公車，還「顛沛流離」了好一陣子呢！但那些以大海、陽光與微風為成分所製成的白色結晶和如今已不再做工的風力揚水器，以及不遠處那座充滿斐尼基人神祕遺跡的莫濟亞（Mozia）……，總是讓我離去後仍魂牽夢縈！因此每次都會很私心地把瑪莎拉（Marsala）放入行程，當團員急著去拜訪巴洛克教堂時，我就會到那間酒窖去小酌一下。咦，門怎麼開著？而且裡面還有人？這時一名年輕女生正好把大門關閉，我急忙衝過去猛敲……。

　　「我們打烊了！」女生隔著大門玻璃對我說。

　　「可以讓我進去嗎？我就一個人而已。」女生不管我，逕自往裡面走去。

　　我不死心，繼續拍打玻璃門。吧檯後面的男生終於對那個女生點頭，同意放我進去。我感激涕零，一直稱讚男性老闆「英明又偉大」，他笑得很開心，還向我解釋：原來今天是週六，酒窖只營業半天，等最後這些客人離開就要休息了。

　　「妳很喜歡葡萄酒吧？」當我正專注於酒叢中要挑選一支來品

酌時，冷不防冒出這樣一句英文。

聲音的來源是一名坐在我旁邊、穿著緊身運動服的中年男子，我看了他一眼，他的手中握著一只高腳杯。我沒回答他，透過大門玻璃，外面的景象一清二楚，剛才那副「氣極敗壞」的模樣，加上又是東方女生，在此可能絕無僅有了吧！管它呢，反正我在意的是此地聞名世界的佳釀，而且店家好心放我進來，不行再耽誤人家的作息了。雖然說瑪莎拉所產的甜酒是甜點師傅的極品幫襯，但能夠讓我如此不顧形象的，其實是酒窖內那股輕鬆又慵懶的自在，還有吧台上各式各樣西西里島濃厚口味的沾醬，讓客人自由取用搭配酒飲。其中我最愛的是開心果打碎與大蒜、橄欖油調味而成的綠色醬泥，記得初次發現這間小店時還把它全部吃光，不過當我心滿意足離去時，手中所提的商品價值都會讓主人覺得那一小碗試吃樣品發揮的經濟效益實在非常強大！我點了一杯微甜白酒，正準備把沾滿綠醬的小塊麵包往嘴裡送時……。

「妳很喜歡葡萄酒吧？」怎麼又來了？對方還是用英文，我還是繼續不理。

「妳很喜歡葡萄酒吧？」這是第三次了。

「剛剛敲門那副母夜叉模樣讓您很驚嚇嗎？」我用義大利文回答。

「不，是您喝酒時那種沉醉其中、把世界隔絕在外的神情。」中年男子冷靜地仍是用英文回答，不過這句話讓我的敵對意識減低不少。

「您是英國人嗎？」這次我用英文了，因為他沒有美國腔，而且聽得懂義大利文。

「我是義大利人。」

「您從哪裡來呢？我的意思是您的祖籍。」我問，用英文。

西西里島的傳奇：酒莊

西西里的葡萄品種就像義大利的其他地區，種類繁多加上風土影響，因此釀製的酒款亦是多采多姿。最普遍的是「Nero d'Avola」，栽種範圍擴及全島，但卻風情各異，而且這個葡萄種釀成的紅酒有些年輕時就可開飲，甚至還可搭配海鮮！獲得 DOCG 認證的「Cerasuolo di

1. 瑪莎拉附近的酒莊
2. 瑪莎拉的芙蘿莉歐酒窖

Vittoria」除了使用 Nero d'Avola 以外，還有東南一帶種植的 Frappato，後者釀製的氣泡酒在諾投谷地（Valle di Noto）這裡的品質亦不錯；至於西北角的麝香葡萄 Moscato d'Alessadria 或沿用阿拉伯文的暱稱 Zibbibo，以葡萄乾的型態釀製而成的甜酒，在瑪莎拉很有名。有些只種植葡萄而不自己釀酒的莊園，以經營民宿為主，倒是體驗西西里鄉下寧靜夜的好去處。

「貝爾佳摩，在北部。」

「我去過，在米蘭附近，很漂亮。」

「那妳呢？妳從哪裡來？」這次他用義大利文了。

「台灣，沒去過吧？我贏了！」用義大利文我就會耍嘴皮了。

　　不動如山的中年男子也笑了，就此打開話匣子。原來他獨自一人來西西里島騎單車，沿途若遇上酒窖，就順道小酌、休息片刻。他問起我為何會講義大利文、在哪裡學義大利文、怎麼會來這座大島……，「不過妳剛剛敲門的樣子真的很好笑！」聊了大半天，他終於說真話。

西西里島西邊的鹽田與風車

隔天要出發前往南端的神殿谷（Valle dei Templi）前，我們的司機先生是土生土長的西西里島人，他看我們走的方式有別於一般的觀光客，便提議說瑪莎拉很多大酒廠有提供品酒的行程，沒想到他的話才剛說完，這個小團體全都舉手贊成！這很出乎我意料，因為昨晚大家才在酒莊暢飲過哩！

芙蘿莉歐酒窖的名號在瑪莎拉這一帶極為響亮，世界各地慕名而來的訪客被一批批地帶進去參觀巨大的酒桶、二次大戰遭到轟炸卻奇蹟保存下來的無價陳釀……，最後則是品嚐四支精選烈酒。正當我們等待專業人員指引之前、興奮地翻閱酒廠的出版品、在大廳好奇地到處鑽時，突然有人從後面拍了我一下……。

「妳真的很愛葡萄酒哩！」這次用的是義大利文。
「啊，安佐！你怎麼會在這裡？你今天不是要回貝爾佳摩了？」
「對啊！不過飛機是下午起飛，沒事就過來了。」
「還說我，你不也愛喝？」

我們這兩個酒神的信徒因「敲門」而結緣，不過彼此都是單獨行走的愛好者，成熟地知道萍水相逢只是旅途中必定出現的插曲，無須過度想像，緣分結束時瀟灑地說聲「再見」後就該分道揚鑣。誰知巴可來攪局，醇酒的召喚早就讓我把安佐拋到九霄雲外，連「再見」都忘了說！他說對了，我真的很喜歡葡萄酒！

兩個海灣是指南義大城所在的拿波里灣與南側緊鄰的沙雷諾灣。拿波里這座大城擁有地鐵，但不建議搭乘，因為扒竊之風鼎盛，而且老城區以步行的方式是可以到達的；而分布在拿波里灣被維蘇威火山掩埋的古城，可搭乘環維蘇威火山線的地區小火車，起訖站分別在拿波里中央車站的地下月台與蘇連多；至於蘇連多往南到沙雷諾之間的沙雷諾灣則是著名的阿瑪菲海岸，以搭乘 Sita 巴士最便捷，若購買一日券還可在沿途小鎮不限次數地上下車，巴士總站位在蘇連多地區火車站前；蘇連多亦是前往度假勝地卡布里島的絕佳樞紐，市區小碼頭絡繹不絕的船班只要半小時就可到達。拿波里是義大利國鐵西部幹線的主要停靠站之一，往北與羅馬之間有高速的歐洲之星相連，行車時間約兩小時左右。

西西里島與義大利主要大城之間有國內班機聯繫，火車甚至可搭到北義大城米蘭，但這裡沒有歐洲之星，車廂的設備也較為次級，從首府巴勒摩到羅馬大約需十二小時的車程。夜臥渡輪是不錯的選擇，渡輪行駛於拿波里與巴勒摩之間，約晚上八點左右開船，清晨時分抵達目的地。島內各主要城市巴勒摩（Palermo）、阿格利建多（Agrigento）、西拉庫沙（Siracusa）、卡塔尼亞（Catania）、陶米納（Taormina）、梅西拿（Messina）之間，可以國鐵相連，至於位在西南的諾投谷地則以小火車、內陸則以搭乘長程巴士較為便捷；而島上各城的老市區，以徒步方式即可。

可愛的酒神巴可

04
Capitolo
（Sardegna）
薩丁尼亞島

去年的此時，我似乎也在義大利，只是那時候和朋友上山吃烤肉，現在卻是驚愕地站在售票櫃檯前。

「船艙都沒有了？」

「對！因為碰上復活節假期。」坐在裡面的售票小姐面無表情。

「可是今天才禮拜三耶！」

「小孩子放假了呀！爸爸媽媽想帶他們去薩丁尼亞度假……座位倒是還有，在最頂層。」

「那行李怎麼辦？我得一直看著？」

「最好是這樣。」

「那我就無法洗澡，明天上岸的時候不就滿身臭汗？這一次我想好好地搭一趟船，好好地在船上吃一頓晚餐……」我是真的很失望，因為我沒料到船會客滿。

「我幫妳排補位，妳是第四號，等船艙關門啟航以後，船上的服務人員會看看有沒有空的艙房……。記得妳是第四號！」

不知道為何，我就是相信這位說話始終沒有起伏的中年女士，竟然就放心地逛起大街來！這應該是我一年前就該實現的計畫，但當時剛好接了《食尚玩家》的行程安排工作，沒拿到拍攝許可前，根本沒心情玩耍。這次雖然在六月份有一趟托斯卡納（Toscana）的慢遊團規劃，但想想若再不成行，以後只會越來越懶。既然是自己的年度大旅行，那就隨遇而安吧！很多朋友聽到我要獨自一人前往薩丁尼亞島，紛紛露出驚訝又敬佩的表情。

「那裡很荒涼耶！」

「妳知道嗎，我們義大利人在罵不認真的公務員時都這麼說：『小心把你派到薩丁尼亞去哦！』」

　　啟航前一個小時就可以登船，因為目前還不到旅遊旺季，前往薩丁尼亞的船班不多，我選的是義大利的「國民船」，從熱納亞（Genova）到薩島北部的歐爾比亞（Olbia）需要十個小時的航程。嗡嗡嗡地，果真放大假了！一家大小、外加貓狗等寵物全部出籠⋯⋯，check-in 櫃檯前好熱鬧。我想得先去跟服務人員說一聲我排船艙的補位，以免他們一忙把我忘了。跟我有同樣遭遇的人還真不少，留著小鬍子的先生看到我站在隊伍後頭，就高聲說：「妳就是林小姐？妳排在第四號，等艙門關了就會開始叫號！」

　　其實我這張臉不被認出也很難，因為整船就只有我一個外國人！乖乖地坐在角落，看著一些沒有訂到船艙、卻一直在櫃檯前吵鬧之人。由於自己平常也從事服務業，很能體會箇中滋味，因此是自己的旅行時，幾乎都「很隨便」，不過這種「隨便」卻常常讓我得到更多的禮遇。雖然曾經搭過這種長程的交通船，從西西里島（Sicilia）睡到拿波里（Napoli），不過那次是帶著團體；這次刻意不搭飛機，選擇來回都搭船，是因為我喜歡睡在船上的小艙房、在船上的餐廳用餐的飄浮感覺，我不想分秒必爭，我想在甲板上欣賞地中海的星空，四周一片黑暗，不知身在何處，只有大船破浪的聲音⋯⋯。

「現在開始發放補位船艙！」

距離預定開船的時間已經晚了半小時，一群人衝到櫃檯前，我又站在隊伍的後頭。小鬍子先生面帶笑容卻意志堅定，完全鐵腕作風地依照號碼順序。我的安靜是他受到無數排場之後最大的輕鬆：「四號，林小姐，單人船艙301。」原來爭先恐後擠到我前面的那堆人，竟然都沒有在買票時讓那位面無表情的女士把姓名輸進電腦的候補名單中，難怪她會一直跟我強調：「我把妳輸入了哦，妳是第四號！」就這樣，我心滿意足地進到有著上下舖的小艙房，雖然不是有窗戶的外艙，但我已經很感激了，因為關上房門，我就是這個空間的主人。就這樣隨性地，在夕陽餘暉之中，我啟程航向薩丁尼亞！

1. 卡伊亞里的聖雷米碉堡
2. 卡伊亞里主教堂的地下墓穴
3. 普拉 - 諾拉十六世紀的防禦高塔

薩丁尼亞的景：卡伊亞里(Cagliari)、 普拉 - 諾拉 (Pula-Nora)

卡伊亞里（Cagliari）是薩丁尼亞的首府，位在南邊的靠海潟湖區，可以看到鹽田與火鶴。老城在羅馬大道（Via Roma）後方高起的城堡區（Quartiere Castello），呈現比薩風格的主教堂（Cattedrale）、收藏斐尼基紅陶土詭異微笑面具的博物館城（Cittadella dei Musei）、可登高遠眺的聖雷米碉堡（Bastione San Remy）與

1 1. 卡伊亞里帶有比薩風格的主教堂
2 2. 普拉 - 諾拉考古園區

象塔（Torre dell'Elefante）都在城牆內；牆外下山路上有羅馬圓形劇場遺跡。

普拉 - 諾拉（Pula-Nora）距離卡伊亞里約半小時車程，這片考古園區含括西元前九到八世紀的斐尼基人與後來的羅馬人所建的劇院、浴場與馬賽克遺跡，以及一座西班牙人於十六世紀修築的防禦高塔。

一切都就緒之後，我這個老太婆竟然像小孩子一樣在甲板與船艙之間上上下下地來回跑。而帶著寵物上船的主人們，還在陪著他們的狗狗，因為天黑之後，這些小動物們就得住進設在船艙外面的個別「單人房」；許多沒有訂艙房的人，就在樓梯間找個角落把床墊鋪好，靜靜地閱讀起來。我實在是沒有辦法隨性到這種地步，我就是要擁有一個完全屬於自己的個人空間，我才能睡得安穩。

「各位旅客請注意，船上的餐廳將於七點半開始接受預約，因為今天爆滿，所以想到餐廳用餐的客人，一定要事先預約！」

聽到廣播，我就馬上衝到餐廳門口，那裡早已嗡嗡嗡地擠了一堆人。餐廳經理從裡面走過來打開玻璃門：「一次一個人進來，若是家族就派個代表，拜託！」

其實船上還設有自助餐，價格比較便宜，可是那裡就像個大食堂。今天不知怎麼搞地，我就是想在鋪有桌巾、擺著小花的環境用餐！想到餐廳吃飯的幾乎都是家庭，當然都是由家長承擔排隊預約的重責大任，不過這些爸爸們看到我這個唯一的外國女生也參雜在隊伍裡頭，立刻發揮騎士精神，讓我先進去。

「妳只有自己一個人？」穿著超級緊身白襯衫的經理訝異地問。
「對！」我堅定地回答，一路上已遇過太多這種驚訝的表情了。
「那……妳就坐七號這張小桌，八點鐘過來。」

嗯，今晚一切都還算順利：臥艙排到了、餐廳也訂到了……，我想在船上尋找浪漫感覺的夢想終於可以實現了！又興奮地在船艙玩耍了一陣子，還來不及回去洗澡就聽見廣播：「目前餐廳已開始營業，預約第一輪的旅客，請馬上前去用餐。」

　　奇怪？義大利餐廳從不趕人的，今晚還會做到「第二輪」！可能預約的人多吧……。匆匆趕到餐廳，七號小桌竟然早已坐著一對老夫婦！

「妳要幹嘛？」
「我要吃飯！」
「妳有預約嗎？」這位餐廳經理是得了失憶症嗎？半個小時前才見過我的呀！
「有！你給了我七號桌，可是現在被人『佔據』了！」
「哦……沒關係，我給妳換到九號桌。」

　　因為家庭多的關係，整間餐廳好熱鬧，幾乎快變成「親子樂園」了！我發現八號桌背對著我的也是一位單獨用餐的男士，終於「德不孤，必有鄰」了；而斜對角的十三號桌應該是一對尚在談戀愛的男女，吃起飯來非常的「彬彬有禮」。今晚我想好好地品嚐一瓶好酒，剛好酒單上就有薩丁尼亞島產的白酒，明天早上就要踏上那塊陌生的土地，那就先從它的「酒神之飲」著手吧！

1. 薩沙里躲在草坪中的羅賽婁噴泉
2. 阿格羅的老城牆緊鄰大海

薩丁尼亞的景：
薩沙里（Sassari）、阿格羅（Alghero）

薩沙里巴洛克風格的主教堂

薩沙里（Sassari）雖然是薩丁尼亞第二政經大城，但市區道路並不複雜。呈現巴洛克風格的主教堂（Duomo）以及展出古羅馬別墅大片鑲嵌地板與薩島各地民俗服飾的沙納國立考古博物館（Museo Archeologico Nazionale "Sanna"）值得參觀。往老城邊界走去，位在溫貝多大道（Viale Umberto）盡頭的羅賽婁噴泉（Fontana del Rosello）以非常優美的造型隱身在車水馬龍旁的小草坪中，絕對是顆珍珠。

阿格羅充滿西班牙風的碉堡

阿格羅（Alghero）位於薩丁尼亞的西北，距離薩沙里約一小時車程。突出海中的老城區城牆仍很完整，包覆住濃濃的西班牙加泰隆尼亞風，無須特別拜訪偉大建築，在曲折的古徑中漫步就很有味道。

「咦……第二道沒有海鮮啊？」

「沒有，只有肉類，不過前菜有海鮮沙拉。」

「好吧，只能這樣了！」

可能是人多吧，每道菜的間隔都在半小時以上，而且我的開胃菜是在我吃完麵之後才送來，然而我的「奶油煮菠菜」呢？只見侍者端著一盤菜先送到一直在等烤牛肉的十三號桌那對男女，他們用力搖頭；接著他又走到八號桌那位單身男士面前，對方也回說：「這不是我的菜！」於是侍者準備回去廚房罵人……。

「那盤是菠菜嗎？」我問。

「對！」十三號桌的女士回答我。

「那是我的！」

那位女士人真好！立刻衝到廚房去叫住那盤黑黑的菠菜，所以我好不容易才吃到我所點的餐，還與八號、十三號桌的義大利人成為臨時聊天的好伙伴，因為我們各自所點的菜老是在這三張餐桌之間換來換去。

結帳的時候，穿著緊身襯衫的經理問我說：「妳有現金嗎？」

「為什麼問這個？」

「因為刷卡機壞了！想刷卡，就得等！」

已經是晚上十一點了，整間餐廳還嗡嗡嗡地，不是在等著上菜，就是在等著付帳，我看所謂的「第二輪」也甭吃啦！

這就是我在船上的「浪漫晚餐」……。

早晨的廣播開始在外面的走道響起，我在伸手不見五指的船艙中醒來，今天我即將在行程中的第一站登陸，帶著滿腔的興奮快速梳洗著裝，然後就衝到甲板上去眺望，一片青蔥在眼前展開，大好的陽光讓我對薩丁尼亞不禁幻想了起來……。

決定到 Bar 喝杯咖啡為這美好的航程畫下句點，義大利人早已準備好行囊在此等待了，所以嗡嗡嗡地到處都是人。收銀台坐著一位長髮及肩的酷男，其實昨天晚上我就看過他了，因為船上的工作人員幾乎清一色都是老公公，這個有著一頭烏黑直髮的年輕人變得非常顯眼。他對著我講一大串日文，我對著他搖搖頭說一句也不懂。

「妳不是日本人嗎？」
「當然不是！」

沒辦法，日本人的足跡早已超越了傳統的路線，深入到「成精」的地步！不過這位直髮男仍不死心，開始把他收藏的日本漫畫搬出來給我看，說他是書中主角的粉絲，將來也要變得那麼酷，像忍者那樣擁有一身功夫……。昨天那位主持公義給我房間的櫃檯先生笑著說：「他終於找到傾訴的對象了！」只是我早已過了「漫畫年齡」，根本不曉得他在講些什麼，加上陸地近在眼前，心已經飛走了！

上了岸，趕緊衝到旅客服務中心問車班，因為我買了來回票，回程也是要從這裡搭船，那就把這座我最先踏上的歐爾比亞留到最後兩天再探索吧！誰知裡面的小姐回答我說所有離開這座港都的長

程巴士一大早就開走了，再來必須等到下午兩點過後才會有車。

「那……到薩沙里的火車呢？」

「也是下午兩點以後才有車。如果沒有自己開車的話，這裡是比較難走。」

小姐無限抱歉地看著我，但這並不是她的錯，是我太相信自己搭乘大眾交通工具的能耐，看來這段行程將會充滿挑戰了。好吧，「既來之，則安之」，都已經登陸了，也來不及「回頭是岸」啦！問了到市區的巴士，十分鐘之後就有一班，趕緊拉著大行李跑過去，等車的人倒是氣定神閒。其中有一對銀髮族，一眼就看出是日耳曼人，而剛剛一大群下船的義大利人全都有自備的交通工具，早就消失得不見蹤影，這兩個外國老人跟我一樣很有勇氣哩，也要來跟薩丁尼亞島不便的公共運輸網鬥法！

「噢……不，我們五年前就來過這裡了！我們只是在歐爾比亞轉車到東北角的海岸，然後就在那裡待兩個禮拜，去附近爬山健行。」

「你們知道市中心的長程巴士站在哪裡嗎？」

「知道啊！五年前我們就是去那裡搭車的。」

結果公車比時刻表晚了二十分鐘才到，到了市區找到巴士站的舊址竟然變成一片廢棄建築。兩位來自高度講求效率國度的銀髮人百思不得其解，我也只好自立自強地請教當地指揮交通的女警火車站在哪裡。誰知她竟然也不太確定，只好打電話問同事。天哪！我到底來到什麼鬼地方啊？終於找到位在小路盡頭的火車站，買到票之後，我整個人就像戰敗的士兵一樣洩氣，早上登陸時的豪情頓時全都漏光光！

我的薩丁尼亞島之行，就這樣從「沮喪」中正式展開了……。

薩丁尼亞的景：
歐里斯塔諾（Oristano）、塔羅斯（Tharros）

歐里斯塔諾（Oristano）位居薩丁尼亞西部海岸線的中間，是因為鄰近的塔羅斯老是遭到海盜的侵襲被棄置而新建的城市。十二到十五世紀的統治者馬利安諾四世和其女艾蕾歐諾拉非常英明，所以艾蕾歐諾拉廣場（Piazza Eleonora）成為老城區的心臟地帶，擁有大圓頂和彩色洋蔥頭八邊形鐘塔的主教堂（Duomo）就在不遠處。

1. 歐里斯塔諾的艾蕾歐諾拉廣場
2. 歐里斯塔諾的老城區

塔羅斯（Tharros）由斐尼基人於西元前 730 年奠基，突出於海中的半島提供航行地中海船隻停泊的絕佳位置，除了此族的城牆與羅馬人的大道、麵包坊遺跡以外，遠端還有史前圓柱塔地基與西班牙人所建的聖喬凡尼高塔（Torre San Giovanni）。

1. 前往塔羅斯途中的小教堂
2. 塔羅斯斐尼基人與羅馬人的遺跡

掀開厚重的窗簾一看，外面仍是一片陰雨綿綿，那麼吃完早餐之後就乾脆在旅館裡工作吧！這是我個人一年一度的大旅行耶，應該是要絕對地自主！誰知昨天打開電子信箱竟然收到托斯卡納團體整個行程要倒過來走的訊息，簡直快嚇死！這樣一來，所有的預訂都得重新來過，原本的從容變成如今的手忙腳亂，還好下雨了，讓我關在房裡還有事做，要不然原本自己幻想的「歡樂假期」，就要從「怨天尤人」開始了……。

歐爾比亞的市中心很小，昨天和那對德國老夫婦到變成廢墟的巴士站與獨自去尋找小巧的火車站時，就順路全部走完了！原本想要直接搭火車前往薩沙里，可是才剛在薩丁尼亞島登陸，一個早上就這樣拖著大行李來回奔波，實在太累了。火車站裡的售票先生好心地替我看著那卡大箱，讓我能夠輕裝簡從地在市區先逛逛……。

「不過妳十二點鐘要回來哦！因為我們要午休，下午一點才會再開門，這段期間行李會沒人看。」

「我買了火車票，不一定得今天走吧？」

「嗯，只要還沒打日期，六個月內都有效。」

在路邊喝了杯咖啡之後，便決定改變計畫，先在歐爾比亞住下來，之後再說吧！剛好也發現了這間優雅的小旅館，便馬上預約兩晚。去火車站把大行李推過來，有點頹喪地對著櫃檯的小姐抱怨說這裡的交通真不便，歐比爾亞又沒什麼好看的……。

「怎麼會？近郊就有史前的遺跡，港口還有間博物館，裡面有從海底挖出的西元五世紀時的羅馬古船。還有東北角就是著名的『翡翠海岸』，從這裡搭巴士只要兩個鐘頭就到了……。妳可以先去參觀考古博物館，因為它中午就關門了；下午搭公車去附近的『巨人墓』，我幫妳查時刻……嗯，兩點半有一班車；然後明天一早去東北海邊，那裡可以一天來回。啊！我先看一下天氣預報……從今天下午開始變天？明天還是『狂風暴雨』！那就不建議前往了，因為海邊沒地方躲。」

感謝這位好心的小姐，替我安排如此「充實」的行程。把大卡行李一丟就急忙衝去港口看那兩艘破船，之後又趕快去等公車，獨自站了四十分鐘卻連個鬼影子都沒有！倒是天氣還預測得真準，天空開始飄起細雨來……，一肚子的怨氣無處發洩！咦？剛剛從港口轉進市區時，角落不是有間滿有氣氛的小酒吧嗎？而且櫃檯的小姐上網查到唯一一班回來的公車是下午五點，這種讓人無法信任的時刻表還是不要冒險好了，要不然就得在「巨人墓」裡過夜了！直接往那充滿酒香的小店走去，點了最大的拼盤外加一杯當地所產的白酒，安慰自己一下！

我經常都是以音符來為旅行留下記憶的，誰知當天住的這家旅館提供免費的無線上網，電視卻收不到 MTV 音樂台！而一整夜的雨都沒停過，整個上午只好躲在房間裡改訂房，這……未免也太辜負自己的大旅行了吧！決定關機，到轉角的餐廳好好吃它一頓，至少對歐爾比亞還留有「美味大餃子」的回憶！

薩丁尼亞的景：
諾羅（Nuoro）、歐里彥納（Oliena）

諾羅（Nuoro）坐落於薩丁尼亞內陸中央稍北的山區，由於經常性的區域反叛與騷動使得來自義大利本土皮耶蒙特地區（Piemonte）的觀察家德維里把此地形容為「盜匪與殺手的窩巢」。不過這裡卻出了一位於1926年獲得諾貝爾文學獎的女作家葛拉奇亞・德雷達（Grazia Deledda），雖然後來移居羅馬，但血液中充滿堅毅的薩島精神，尤其作品開卷的第一句就描寫：「我住在一座多風之島……」，真是傳神啊！

1　1. 諾羅市區廣場上的奇石
2　2. 諾貝爾文學獎得主葛拉奇亞・德雷達

歐里彥納（Oliena）距離諾羅不遠，外牆塗上鮮豔的顏色與露在屋外的階梯成為這座內陸小鎮的特色景觀。但到處都可遇見拿著槍的百姓壁畫與披著黑色頭巾、身穿黑色長袍走在街上的婦女，強悍的薩島風情依然不死。

1
2 3

1. 歐里彥納樓梯在外的民家
2. 歐里彥納強悍的街畫
3. 歐里彥納街上可見傳統的薩島婦女

雨霧中的第一個感動

今天終於下定決心搭火車前往薩丁尼亞的內陸了……。又能怎麼辦呢？整整兩天雨都沒有停過，回義大利本土的船票又早就預訂好了，總不能一直待在歐爾比亞吃火腿乳酪大拼盤配酒來發洩吧！不過火車開動之後，心情卻跟著愉快起來，或許是因為我一直很喜歡這種旅行的移動方式，搖搖晃晃地很有節奏感，而且才離開市區不久，野地與農田裡處處都是用石塊堆砌而成的圓柱塔，黑黑的很神祕，就是為了它們，我才會踏上這片被義大利人視為「非常荒涼」的土地。目前雖然「只可遠觀」，但我一定會排除萬難去「褻玩焉」！

兩個小時的車程一下子就過去了，大雨卻毫無停歇的跡象，反而變本加厲！想到又要拖著大行李迷走於令人歡樂不起來的蕭瑟街道上尋找落腳的地方，不禁悲從中來……我為何要到這個落後的大島來受苦啊？薩沙里是薩丁尼亞的第二大城，火車站卻是冷清得可以！書報攤面容嚴肅的老先生看到我這個沒有多餘的手可以撐傘的異鄉人，好心地告訴我離這裡最近的住宿，剛好有一對印度情侶也要去，於是三個人就決定共乘一部計程車。

「我們兩個目前在德國唸書，想要趁著復活節的假期來這裡的海灘度假，可是卻碰上大雨……妳呢？」

「我要來看史前人類的遺跡。」

「哦……」

他們一定是覺得我很蠢，世界各地的人來到這裡不就是因為薩

丁尼亞的太陽與無敵的沙灘嗎？而我竟然是來看那些黑黑的石頭！安頓好之後，便馬上衝到旅遊資訊中心去，因為這裡的機關都有中午關門休息的習慣，除了詢問景點之外，當然最重要的是「吃」！要不然這股氣要如何抒發呢？其實我最想看的是「國立沙納考古博物館」，那裡面陳列著許多挖掘出來的圓柱塔與巨人墓的文物，既可躲雨又可增長知識，真是一舉兩得啊！

由於大雨使得我異常煩躁，乾脆把自己走得疲累不堪算了！連坐落在城外的羅賽婁噴泉都不放過！然而當我站在那半掩的鐵柵欄門外時，頓時心平氣和了起來……雨霧中獨自潺潺的孤獨身影，竟然格外迷人！冒著可能會連滾帶爬跌下去的危險，我踏著泥濘的階梯無論如何都要前去一親它的芳澤！這顆隱藏在朦朧谷地中的文藝復興風格小珍珠，讓我忘卻了連日來惱人的雨水。

翡翠海岸帕拉烏的汽艇碼頭

薩丁尼亞的景：翡翠海岸 (Costa Smeralda)

薩丁尼亞東北角的翡翠海岸豔夏時節擠滿來此度假的歐洲上流社會的名人與俄羅斯的石油富豪，成為狗仔賺取外快的最佳時機。沿著海岸線分布的橘灣（Golfo Aranci）、圓港（Porto Rotondo）、麋鹿港（Porto Cervo），充斥著精品店與豪華遊艇；為義大利建立共和國立下汗馬功勞的加里波底和他的妻子選擇安息的瑪達蓮娜群島（Arcipelago della

Maddalena），是風帆船愛好者的天堂；歐爾比亞（Olbia）、帕拉烏（Palau）和最北端格魯拉的聖泰瑞莎（Santa Teresa di Gallura）是交通船站所在的小城。天氣晴朗的時節來此走一遭，就知道薩島的無敵海景為何會如此名聞遐邇。

1. 充滿薩島翡翠海岸風格的白色教堂
2. 翡翠海岸五星級的豪華旅館

由於傾盆大雨一直不停，在薩沙里的市區淋成落湯雞之後，回到旅館便馬上決定加住一宿，還預先支付了房錢。雖然一登陸薩丁尼亞的港口歐爾比亞，旅遊資訊中心的那名女士教我無論如何都要到阿格羅住一晚，但我不再頑抗了，還是乖乖向大自然投降吧！不必拖著大行李，活動起來多方便，而且阿格羅和薩沙里之間的交通，只有一個小時出頭，當天來回的問題應該不多。誰知我輕裝簡從出門時，天氣竟然放晴了！這⋯⋯這⋯⋯。

在巴士站等了幾分鐘，就有個老人開車經過，他特別停下來告知我說今天是復活節，所有的公共交通都休息。

「可是昨天這裡的旅遊中心告訴我說有的，那位小姐還特別上網查班次，電腦不會錯的！」

「我在這裡土生土長，復活節從來就不發車，相信我吧！」

半信半疑之中，我走進火車站去問。天啊，連義大利國鐵的窗口都沒開！倒是昨天那位面容嚴肅的老伯經營的書報攤照常營業，他看到我又一臉苦瓜相，大概猜到我又遇到問題了。

「去月台邊的地區火車站看看，可能有車到阿格羅。」這位老伯真是「面惡心善」啊！

「這是什麼爛系統？我昨天上網查到今天明明有火車！」一位小姐在旁邊跳腳。

「妳也是遊客嗎？」我不禁好奇。

「不，我家在這裡，可是我得搭國鐵換船趕回義大利本土去上班！」

原來連薩丁尼亞的居民也搞不清楚，那我還生什麼氣？要上火車之際，昨天那對印度小情侶出現了。

「我們今天要到阿格羅去住兩天，好好到海邊去曬太陽……，妳該不會在這裡又多住一晚吧？」

他們一定覺得我不只蠢，而且還衰到爆！到了阿格羅，豔陽下的古城美得讓我「怒火中燒」，加上那個小女生不停發出滿足開懷的笑聲……，真是好狗運啊！昨天才在薩丁尼亞下飛機，今天就讓你們碰到大晴天。沒關係，我也不會玩輸你們的！十二世紀時，來自熱納亞的朵利亞家族在薩丁尼亞蓋了兩座碉堡，其中一處便是阿格羅；十四世紀以後被亞拉岡家族所奪，所以這裡是薩島西班牙味最濃的小城。曲折的小街道有不少露天餐廳，不過座位幾乎全被佔滿，雖然飢腸轆轆，但今天無論如何我一定要在太陽底下吃飯！終於有個家庭吃完離開了。

「我要用餐。」這裡沒有東方遊客，侍者不曉得該用何種語言跟我應對時，乾脆自己採取主動，否則好不容易等到的空位又會飛了。

「一個人嗎？」我點點頭。

「請裡面坐！」

「我要坐外面。」

「這裡被預訂了。」看見年輕侍者不知所措，帥帥的領班馬上過來解圍。

「我沒看到人。」

「人家還沒到，目前只剩裡面有位置。」領班態度堅決。

薩丁尼亞的景：
圓柱塔（Nuraghe）、巨人墓（Tombe di Giganti）

西元前 9000 年來自小亞細亞、非洲海岸、伊比利半島與利古利亞地區的民族開始在薩丁尼亞島上定居，到西元前 3000 年發展出聚集茅草圓型小屋的部落和把死者集體埋葬的作法，西元前 1800 百年則從純農業過渡到分出游牧與戰士階級的社會型態，原本的茅草屋演變成具有防禦性質的圓柱塔，而三百年後集體埋葬漸漸演化成祭祀死者的巨人墓。薩丁尼亞島上有七千多處圓柱塔遺跡，其中以距離首府卡伊亞里約兩小時車程的巴魯米尼（Barumini）規模最龐大，這裡亦被聯合國教科文組織宣布為人類文化遺產。而位在翡翠海岸範圍內的阿札格納（Arzachena）近郊的阿布邱圓柱群（Nuraghe Albucciu）和老寇度巨人墓（Tomba di Giganti Coddu Vecchiu）就隱身在葡萄園中，景色非常優美。

1. 阿札格納近郊的阿布邱圓柱遺跡
2. 巴魯米尼的圓柱塔群

好吧，我讓步！因為肚子實在餓扁了。結果裡面空無一人！其實這種地窖式的建築，平常我是很喜歡的，可是我更想要外面那片驕陽！

「根本沒人！」我大聲抱怨。

「這不更好？這裡全都是妳的！」可惡，根本是在懲罰單身！因為剛好這時我看到一家三口在詢問有沒有座位？侍者當場就給了他們剛才我看中的那桌。

勢單力薄，只好乖乖坐在裡面吃飯。拿到菜單，我想既然來到海港，就該吃魚，因此請對方把每道海鮮的料理方式解釋一遍。這名年輕人既要端盤子到外面，又要應付我的提問，跑得滿頭大汗地，這時領班又過來了。其實我並不是奧客，但「吃」絕對是當地的文化體現，而且我很喜歡研究各地的特色菜。帥帥的領班大概以為我在刻意刁難，加上我是外國人，還是此地極為稀少的東方品種！能懂什麼？好，就讓你看看本人的能耐，順便把你硬是不讓我坐在外面的行為報復回去。終於，我點的綜合烤魚送上來了……。

「這一條紅色、大的是什麼？」我指著盤子問。

「就是魚啊！」領班笑笑地回答。

「我知道，可是牠總有名稱吧！要不然我問你叫什麼？你會說：『就是人啊！』這樣嗎？」

領班走進廚房，過了一會兒出來：「牠叫做紅鯛。」

「那……這一尾紅色比較小的呢？」他又跑進去問。

「腓鯉！」

「那……這一尾黑色的呢？」這次換你流汗了吧？這就是你不讓我坐在外面

阿札格納近郊的老寇度巨人墓

的後果！不過領班並沒有不耐煩，倒是露出一抹詭異的微笑。

　　這次他進去比較久，出來後拿著一張紙，把我盤子裡所有炸魚的種類名稱一次全都寫好，而且還仔細地跟我講解，連蝦子都鉅細靡遺……，決定放過他吧！吃完後，他主動送我一杯薩丁尼亞道地的餐後酒，還拿了明信片給我。離去前，我不禁看了坐在我原先看上的露天餐桌那一家三口。

　　「他們真的有訂位嗎？」

　　帥帥的領班笑而不答。算了，魚已經吃完，手上沒有籌碼，而且因為昨晚衝動的決定，我還得搭小火車趕回薩沙里去！以後再找個大晴天回來這裡，住它個幾晚，好好享受此地的豔陽、還有「紅燈迷濛夜」的神祕滋味。

這些圓柱就是我來薩島的原因

　　由於和原先所打的如意算盤完全不一樣，所以決定在薩丁尼亞島的行動一切隨遇而安，就在幾個主要城市住個幾天，直到預訂好的船期回義大利本土為止。在首府卡伊亞里下火車時仍是「烏雲罩頂」，這一路下來早已對傾盆大雨習以為常，火氣變小了、耐性無限擴大的結果，竟然讓我意外地得知從這裡可以搭車到巴魯米尼，這真的是「上天的憐憫」！唉，原來人生是不可以太執著的……。

　　「妳真的確定下午兩點有車？」旅館櫃檯的老先生翻著當地當天的報紙，上面並沒有刊載這班巴士。
　　「可是昨天旅遊資訊中心的那位女士跟我說有的……」

　　我回答得有些心虛，自從經過「薩沙里復活節火車事件」之後，我對薩丁尼亞的「時刻表」不太有信心。管它呢！反正要在卡伊亞里待三天，時間多得很，試試又無妨。沒想到真的有車，而且還是直達！更令我喜出望外的是……太陽竟然出來了！人生真的不要太執著，尤其是在旅途中！

　　「到了！妳要去的圓柱塔遺跡從這條路下去就是了。」司機先生真是好心，看見我這個唯一乘坐大眾運輸系統遊走薩丁尼亞的傻瓜，忍不住無限同情。

　　為了要趕傍晚六點鐘的巴士回卡伊亞里，我沿著荒涼的鄉間道路「埋頭苦幹」，根本無心欣賞美麗的風景，這時矛盾的心情又開

始反動了：「我到底來這座荒島幹嘛呀？」直到遠遠望見那尊龐大的「類圓柱」身影時，才歡樂起來，因為它就是吸引我來薩島「顛沛流離」的最主要動力，如今美夢終於要成真了……。咦，大門怎麼關著？原來這裡是不可以隨便「褻玩焉」的，必須跟著專業的導覽走！而最近的一個梯次是四點半。

「請問一趟導覽行程要多久？」我問售票小姐。

「大約五十分鐘左右。」算一算有四十分鐘可以衝回市中心去搭車，應該可以趕得上……要不然還能怎麼辦？

付錢的時候，小姐給了我兩張票。「我只要一張。」「你們不是一起的嗎？」我們？誰呀？轉頭一看，身後站著一個東方男生，從他配備的精巧相機與穿著打扮來判斷，應該是日本人，而且會來這個「鳥不生蛋」荒野的東方人，也只有這個民族的可能性最大。「當然不是！」我大聲回答，也不知道自己在不高興什麼？只覺得「完全個人的假期」受到打擾，不過這已不是第一次了。

導覽員是位中年的義大利男子，他把這個梯次的所有遊客聚集在入口前：有兩組來自北義的家庭成員、一位老太太、日本男生和我，總共十一人。因為那個日本男生一開始就喋喋不休地用義大利文找他聊天，因此他特別打量站在一旁、始終沉默不語的我。

「妳聽得懂英文嗎？」他竟然用義大利文這樣問我！
「要不然咧？你們規定強迫大家得跟著你走，難道你要用中文講解嗎？」

中年男子笑了，用「義大利文」問我懂不懂「英文」實在有點無厘頭！在確定他不必使用他也不會的英文來導覽以後，我們的「考古行程」就在輕鬆的氣氛下，從防禦迦太基人入侵的外牆、有中庭串連起來的平民居住圓柱塔、最後到達制高的中心塔……在窄小又難爬的通道之間穿梭，其中我最佩服那位義大利老太太獨力完成的勇氣與旺盛的求知慾。導覽行程在四周都是黑色大石塊圈起、只有頂上的圓形可以看見外面藍天的「國王宅邸」結束。為了趕車，只得忍痛放棄導覽員放我們在這些三千五百年前遺跡之間自由玩耍的快樂時光：「謝謝，你的講解很精彩，但我得去搭車了。」他笑笑地跟我揮揮手。

目的達成之後，心裡也放鬆了，才發現鄉間小路旁的繁花早已怒放……。人生某些莫名其妙的突發奇想，到底要不要堅持呢？

1. Surrau 酒窖也有品酒區
2. 還在小橡木桶中陳年的「Cannonau」紅酒
3. 薩島一年一度的羊市集

薩丁尼亞的景：葡萄酒、羊市集

薩丁尼亞種植非常普遍的葡萄「Cannonau」所釀製而成的紅酒，酒體圓滿堅實，特別是在東邊靠近諾羅這一帶所產的，非常適合搭配烤肉與野味、以及重口味的乳酪；「Vermentino di Gallura」是薩島唯一獲得 DOCG 認證的白酒，這款酒結構濃厚，其實可當成白肉的佐餐酒；另外以野生小藍莓釀成的「Mirto」烈酒，則是最具薩島特色的消化酒。

雖然四面環海，但過去經常遭到外族與海盜的侵略，迫使居民往內陸遷移，因此烤肉類的陸地菜成為薩丁尼亞的傳統菜色，甚至造成島上羊口比人口還多的景象！在以圓柱遺跡著稱的巴魯米尼附近，每年都有羊市集交易，不過除了活牲畜以外，還有販賣周邊產品像是皮套、鈴鐺、以及現做的新鮮牛軋糖和以羊角粗刻為把柄的牧羊人小刀。

1. 羊市集周邊還有藝匠擺攤
2. 位在薩島北部格魯拉地區的 Surrau 酒窖

　　兩年前在薩丁尼亞的獨自旅行，從一下船到回義大利本土的前一天，幾乎整個月的時間全都在雨中度過。獨自拖著大行李在雨中步行兩公里到老市區、大雨中獨自站在路旁等候不知何時會來的長程巴士、在首府城堡區飄著雨的無人街道上踽踽獨行……，不是很美好卻記憶深刻。於是規劃了一趟非典型的走法，把米蘭、威尼斯、翡冷翠、羅馬四座經典大城全都排除，直接進入薩丁尼亞、科西嘉、然後到西北部的阿爾巴谷地，沒想到隨口一提的想法竟然讓「鐵支」謹記在心，就這樣我又再次踏上「荒島」。

　　這幾位鐵支早已和我來過義大利，都是職場上叱吒風雲的優秀人物，然而在遇到大環境的瓶頸時選擇提早退休，物質生活絕對不成問題，可是那顆「雄心」卻是需要時間去安撫……。記得前一年這位友人剛開始「被迫」過悠閒生活時，夫妻就跟我到南義去玩，但我可以感覺先生一時還無法適應，有點像遊魂般地讓老婆帶著到處走；這次則完全不一樣，他事先在國外網站買了專書來研讀，於是我便鼓勵他把對行程的想法提出來，然後我再來順，這會讓他把過去在工作時的成就感找回來，而且我也比較喜歡「互動式」的旅行，這很像以前我在義大利唸大學時的方式：教授把大骨架建構起來，至於內容風格則必須由學生自己去做選擇了。

　　命運果真不是蓋的，這幾位鐵支的八字鎮得住薩丁尼亞的雨，跟著他們我終於看到讓歐洲上流人士趨之若鶩的無敵海景！不過人生也並非一帆風順，在美麗的「薩丁尼亞城堡」（Castelsardo）讓

大家見識到此島的另一自然界的大氣力量，不僅怒髮衝冠，甚至還風雨飄搖！嚇得趕緊找庇蔭，卻見另一對同行夫妻自始至終就坐在咖啡館裡，他們是受到鐵支之邀而首次參加這種自由度很高的走法，因為其中那位先生亦遭遇到職場上的兩難，被溫柔的老婆強迫出來散心，那種「心不在焉」的神情簡直是去年鐵支的翻版！連太太去店裡開心尋寶、老公呆坐在門口的畫面也一模一樣！唉，我也不知要如何幫忙，因為那顆心若放不開，美景當前依然視若無睹、佳餚上桌依然食不知味！

在薩島被強風吹了五天之後，我們搭船過海峽再到科西嘉島被吹三天。記得看過一部由潘妮洛普・克魯茲主演的西班牙電影《玩美女人》，她住的小鎮經常颳起強風，彷彿腦漿都快被吹乾了……。的確！薩丁尼亞孤伶伶地佇立在地中海，過去老是遭到海盜與外族的侵襲，所以居民都往內陸遷移，因此至今它的特色菜仍是烤羊、烤豬之類的陸地菜。而為了防禦自身安全，連女人都拿槍！但是要在一處又風又雨的荒島上生存下來，頑固與強悍是必須的……。不過這種「遺落」的地理位置也為它保存了非常純淨的大自然，於是我又開始天馬行空了：「下次規劃到薩丁尼亞騎單車七天，再到科西嘉健行五天，你們覺得呢？」大家給我按讚，因為他們覺得我的腦漿真的被吹乾了！

在這趟十八天的非典型行程即將接近尾聲之際，我慢慢踱步於挺立在阿爾卑斯山區的聖米格勒教堂（San Michele），突然間新成員先生追上來……。

「妳人生的目標是什麼？」劈頭這樣一句。
「換滾筒洗衣機！」因為要出門前，洗衣機罷工不脫水，這是我的當務之急。
「嘎！？」對方先是愣了一下，然後大笑了起來。

「啊，對你我應該要回答『世界和平』才對！」

「為什麼？」

「你們都把人生看得太遠啦！」

　　這次我看到鐵支的蛻變，去年連在羅馬那麼繁榮的大城都「魂不守舍」，今年在薩丁尼亞這麼荒蕪的島上卻經常玩到不見蹤影！珍惜眼前的一切，大膽地去體驗它、充分地去品味它、不必妄想要抓住它，很多人生的難題就會自動消融，這只是我個人的經驗，沒啥博大精深。還是腦漿被吹乾以後，一直沒有長回來？

薩丁尼亞到處可見被風鑿刻的奇石

薩丁尼亞的景：
薩丁尼亞城堡（Castelsardo）、奇石與街畫

薩丁尼亞城堡位在北側海岸突起的山丘上，1102 年來自義大利熱納亞的朵利亞家族率先在此築堡，稱為熱納亞城堡；1448 年被西班牙人征服改名為亞拉岡城堡，目前這個名字是 1776 年以後才使用。城堡內有座主教堂、編織博物館與曲折的街道和手工藝品店鋪，不過強勁的海風也絕對是特色之一。由於孤

懸在地中海，強風就像利刃般地在島上肆無忌憚地鑿刻，距離城堡不遠的大象石就是傑作，這股自然力量也造就不少奇景。而正是因為嚴苛的生存條件，薩島人才會如此的堅忍，然而許多內陸小鎮街道上出現的彩畫卻又讓它軟化不少。

1　1. 薩島的小鎮彩畫令人驚豔

2　2. 位在薩島北部的薩丁尼亞城堡

在薩丁尼亞島移動

薩丁尼亞島孤懸海外，自然風光保存非常良好，但公眾運輸比起西西里島可就遜色多了。鐵路只有聯絡歐爾比亞、薩沙里、歐里斯塔諾、卡伊亞里的南北一條主幹，支線根本寥寥可數，而且經常一天只有兩班車；沒有鐵路連接的城鎮雖然有長程巴士，但班次稀疏又讓人抓不準時刻表，非旅遊旺季時還完全停駛，因此行走薩島的建議是：自行租車。薩丁尼亞島和義大利主要城市有國內航線聯繫，和北部的熱納亞與羅馬有夜臥渡輪往返，不過到托斯卡納的海港黎沃諾（Livorno）只要七小時左右的航程。

05
Capitolo

（Adriatico）

亞德里亞海

在中部等火車的時候，傾盆大雨下得連傘都擋不住。正值氣候多變的初秋，盛夏的暑氣與歡樂，只在空氣中留下如遊絲般的餘韻。因此雖然是週末，人倒是不多。已經是要奔向亞德里亞海的前夕了，情緒與氣氛竟然都是低迷的，真不知道自己為何要走？

這是一段不算短的路程，需要搭六個小時左右的火車。中途在靠海的安可納（Ancona）換車，然後就沿著亞德里亞海一直走到這一趟布伊亞（Puglia）之行的前哨站特爾摩里（Termoli）。就像那次獨走西西里島，也選了雷裘卡拉布利亞（Reggio Calabria）當成前哨站一樣。當時是因為我想去看從海中打撈上來的兩尊希臘時代的大銅人；這次在特爾摩里過夜，則是要去探訪沒有什麼美麗傳奇的特雷米提小島群（Isole Tremiti）。

安可納的海畔倒是有絲絲陽光，不安的亞德里亞海在這一帶是綠色的。等待中的火車，就叫做「亞德里亞海」號，從最北的威尼斯（Venezia）直開往位於最南鞋跟處的雷切（Lecce）。睡眠不足加上搖搖晃晃，上車找到一間只有一對母女坐著的車廂，人就開始昏昏沈沈地打起瞌睡來。突然間，一個人影出現在車廂門口，然後就定定地站著不動。啊……不會吧，竟然是皮耶保羅！

「你……你怎麼會在這裡？」
「我回家呀！」

看見我的大行李，他就開始嘲笑起來。雖然他把一切製造成

「順便」的樣子，但是卻讓我感動得要死！這個孩子，是我在翡冷翠（Firenze）大學時期認識的朋友，主修建築。這段友誼能夠持續至今，也是我始料未及的，因為從一開始，就是「順便」！我邀請我的同班同學到家裡吃飯，他是他們的室友，因此也「順便」跟著一起來；後來我們的許多活動，他就「順便」跟著參加；畢業後，他到羅馬工作，我剛好到那裡去採訪，就這樣「順便」吃頓晚餐；去年，他在波隆納大學進修大樓管線配置方面的課程，所以我就「順便」到那裡去走走……。

林林總總的「順便」加起來，也過了將近十個年頭！不過每次都是我主動聯絡他，而他在電話的另一頭，也總是很興奮的樣子。我對他沒有期待，所以就不會去追究「為何總是我先打電話給你」，而他來自一個很有禮貌的家庭，或許，這就是他對待朋友的一貫態度吧！不過這次我只跟他說會搭幾點的火車到特爾摩里，他竟然一早就從波隆納（Bologna）算好時間，也搭上這班「亞德里亞海」號，不禁讓我對「順便」產生懷疑了。

我應該算是個敏感的人，但是在感情方面的反應，速度卻是像烏龜一樣。我不喜歡「帶有侵略性質」的表達方式，這一點，義大利人卻經常會犯。還好，我並不美麗，只要臉一臭，就會把他們嚇跑。這，可能也是因為心防與自尊較強的緣故吧……。然而現在我細細回想起來，這個孩子在羅馬領到第一次薪水時，就騎著摩托車，沿著台伯河橫衝直撞地，載我到奧古斯都的墓塋旁邊一家足球餐廳去吃披薩，還開了一瓶 Frascati 的 Superiore 白酒，雖然兩者搭配起來實在是怪怪地，不過當時我真的感動得眼淚都快掉出來了。送我回到旅館前，說完再見，他把摩托車往前騎了一段，卻突然間停住，下車往回跑到我面前，脫了全罩式安全帽，在我臉頰上親了一下，然後又一溜煙跑走了。

奔向亞德利亞海的原因：山

義大利中部東側的馬各（Marche）、阿布魯佐（Abruzzo）與莫里塞（Molise）三個大區，亞德里亞海和它們接觸的方式是形成大片的沙灘。然而亞平寧山在這裡亦是不甘示弱，只要離開海岸線不遠就可與山親近，而且這裡的山區躲著許多非常美麗的古城：文藝復興俊美畫家拉斐爾的故鄉烏比諾（Urbino）、明朝到中國傳教的耶穌會教士利瑪竇的誕生地馬切拉達（Macerata）、羅馬建城英雄羅莫洛士兵掠奪其婦女的莎賓族在綠色啄木鳥的引導之下遷徙建立的阿斯可里皮切諾（Ascoli Piceno）、擁有西元前六世紀非常意象的本土戰士雕像之奇耶地（Chieti）、發現羅馬共和時期另一支南方主力敵人桑尼提族劇場遺跡的豐石鎮（Pietrabbondante）及非常低調的羅馬城塞皮諾（Sepino）……，到底有多少不為人知的故事曾經發生過？

1 1. 利瑪竇生於瑪切拉達

2 2. 阿斯可里皮切諾是顆隱藏的珍珠

1　2　1. 奇耶地雄偉的主教堂　2. 較不為人知的馬各大區有不少美景

　　我想是「戛然而止」，讓我們的友誼能夠延續至今，而且我的「先來後到」怪癖，讓他只能處於等待的位置。然而友情與愛情的分界在哪裡呢？去年我翻譯了一本匈牙利作家的小說（因為它只有義大利文譯本），書名叫做《對的女人》：對於男主角而言，他的太太是美麗的、賢慧的、聰明的⋯⋯，唯一的缺點就是「太愛他」。然而那個處心積慮、從多瑙河另一岸的窮困農村來到他家的女傭，雖然偷盡他的家財，卻還是「對的女人」！因為「愛情一發生，它就死了！什麼黃昏下的漫步、在充滿花香的夜晚，手挽著手一起回家⋯⋯那是生活，不是愛情！」

　　我似乎是在利用一種介於愛情與友情之間的模糊地帶，來對待皮耶保羅，因為說真的，這會滿足私底下的虛榮心。可是，我會不會自視過高了呢？搞不好有一天「豬羊變色」，因為皮耶保羅總是溫溫的，這種手段才厲害呢！因為他的「順便」，會讓我不知不覺地卸下心防，無聲無息地就跑進心裡來佔據一個位置。我仔細地觀察坐在對面的他，這孩子正在自得其樂地玩著報紙上的填字遊戲，我是不是想太多了？而且，到底是誰在玩弄這塊灰色地帶呢？秋天了，不該「吹皺一池春水」，可是車窗外的亞德里亞海，卻是波濤洶湧⋯⋯

與西西里島來的商人夜遊

其實到布伊亞大區去旅行的計畫，是晚了一年才實行的。最初打好的如意算盤是：先到希臘去走一個月，然後再搭船來到鞋跟這裡走一個月。誰知在愛琴海群島之間搭船搭得我一路搖搖晃晃，連上岸之後都還像是睡在搖籃裡；在中部的群山之間搭長程巴士又坐得屁股幾乎開花……。因此在雅典娜女神的家鄉顛沛流離幾達一個月之後，就直接搭機飛回羅馬，到義大利友人的家休養生息去也……。難道我老了嗎？

不過我從沒有當過背包客，這是事實。每一趟獨自出門，晚上我一定要擁有一個完全屬於自己的空間，所以年輕的時候住二星旅館，現在則是多加了一顆，因為「住」對我而言，也是旅行的特色與體驗之一，白天都已經走得那麼累了，晚上何必還要睡得如此戰戰兢兢呢？然而淡季來布伊亞，你也別想要住到什麼等級很低的旅館，因為很多小旅館都關門休息，所以這一趟走下來，我不只星級往上加，甚至還住到五星級的哩！我並非富有之人，但是出門在外我不喜歡錙銖必較，這會浪費很多心力又錯過不少美好事物，這是個人的價值觀，改不過來。

特拉尼（Trani）是座小小的濱海城鎮，我想要由此前往我心目中的英雄斐特烈大帝的孤獨城堡，因此決定住上三晚。根據傳說，迪歐米德（Diomede）之子提連諾（Tirreno）於西元三到四世紀建立這座城市；中古世紀沿著海灣周圍發展出港都核心，在諾曼尼統治時期因為與大海的緊密相連而商業發達；在斐特烈大帝的斯

維亞家族主事之下，威尼斯人還在這裡成立了一間領事館，特拉尼在當時經常接待一些上流人物並享有某種程度的自治狀態。這些多采多姿的過往歲月，為它留下了不少宮殿與漂亮的建築作為見證。

獨自旅行，在旅館吃早餐亦是我個人的小小享受之一，不管豐盛與否，那股咖啡與奶油的香味就會讓我很滿足。這家旅館的餐室還有大片落地玻璃，在早上的溫暖陽光中用餐，那感覺真的很棒……。不過我對桌的那位禿頭男士卻手機接個沒完，可能是位商務人士吧！不曉得他們這種人的旅行滋味是什麼？氣氛對他們而言，大概是最無聊的講究吧！

接下來的一整天很教人氣餒！這就是淡季旅行的風險。公共交通停駛，都已經千辛萬苦地來到山腳下，然而只在幾公里之外的「山頭城堡」卻變成了咫尺天涯！賣票的小俊男竟然安慰我說：「明年再來吧！」沒有達到自己的目的，心裡有一股莫名其妙的怒火無處發洩，便決定當晚在旅館的餐廳「露天吃魚」來安慰一下自己。至於為何一定要「露天吃魚」？我也不知道，套句義大利人的慣用語：「E‵cosi‵！」

快八點了，餐廳竟然一點動靜都沒！直到八點半桌椅才擺好，我知道南義的作息比北義更晚，然而心中那股「一定要吃魚」的慾念就是讓我靜不下來。終於坐下來之後，我成了第一位顧客！已經九點多啦……。當我正在專心一志地享受我的炸魚時，背後突然響起：「對不起！」是誰這麼討厭，竟敢來打擾我吃魚？回頭一看，就是早餐的那位禿頭男士！幹嘛？想搭訕嗎？剛好一股氣沒地方發，正想要罵回去時，對方卻笑笑地開口了：「因為這座位排得很奇怪，我坐下來剛好會背對著

您，這很不禮貌，所以要先跟您說聲『對不起』！」伸手不打笑臉人，算了！隨便回了一句：「沒關係！」就繼續咀嚼我的炸魚。

「您是不是在這裡住了好幾天？早餐時我都看到您呢！」

有完沒完？就讓我好好地吃魚吧！剛才直覺地就用義大利文回答，這下可要沒完沒了了……。

「對！三天了。」
「您要不要和我們同桌用餐呢？我們有這個榮幸嗎？」

三個中年人很禮貌地邀請，我也不好老是擺出一付「母夜叉」的模樣。當侍者幫我把餐盤與餐具移過去布置好以後，我才發現對方的菜色比我的精彩多了：一盤盤生海膽對半切開，沾麵包或用小湯匙直接挖出來吃，原來這才是最道地的布伊亞式美味。相形之下，我的這盤炸海鮮就有點「落伍」啦！

禿頭男士和他的朋友是來自西西里島的商人，另一位寡言男子則是他們在布伊亞的合作夥伴。由於南義最大的商展隔天即將在首府巴里（Bari）開幕，於是他們今天先見面吃頓商業晚餐，這下子我倒成了「插花」的角色！

「我們去海邊走走吧！」飯後禿頭男士提議，已經午夜了。
「可是明天我得早起……」我並不是害怕這三位男士，因為一頓晚餐下來，我發現他們根本對我沒興趣，明天展覽場上的大理石地板與吊燈反倒更吸引他們的

奔向亞德里亞海的原因：倒影

義大利這隻長靴的鞋跟布伊亞（Puglia）大區直衝入海，形成突起於海中的岬角或高起的峭壁，古城或小鎮就這麼直挺挺地立在海上，白色的石砌建築直接映在碧綠的水面上，成為亞德里亞海畔最美的倒影：維耶斯特（Vieste）苦情漁夫化成的皮佐慕諾巨岩（Pizzomunno）、慢城特拉尼（Trani）的主教堂與斯維亞城堡（Castello Svevo）、首府巴里（Bari）的聖尼古拉教堂（San Nicola）、濱海波里納諾（Polignano a Mare）的海蝕洞宮殿（Grotta Palazzese）、蒙諾波里（Monopoli）的破裂城牆、奧特蘭多（Otranto）的佩拉斯吉碉堡大道（Via Bastioni dei Pelasgi）……，絕對值得駐足。

1. 慢城特拉尼的主教堂

2. 城如其名的濱海波里納諾

注意力。只是跟「老人」去夜遊，實在是有點給它浪費精力。

「我們有車，散一下步就回來了！」

好吧！獨自一人旅行，與夜遊幾乎絕緣，趁機看一下也不錯。沒想到白天寧靜的碼頭，到了晚上竟然搖身一變，成了大型的露天酒吧！到處都是年輕人在喝啤酒，真想衝動地也坐下來叫一瓶！而這三位老人竟然只要吃冰淇淋就好了！唉，真掃興……，但是有賓士車的接送，也只好配合人家。下次，一定要好好地夜遊個夠！

第二天吃早餐時，禿頭男士早已不見蹤影。離開旅館結帳時，才知道他們天未光就走了，而且連昨天晚餐的費用也幫我結清……。這、這是老天安慰我去不成斐特烈大帝的城堡所做的補償嗎？剛開始我還嫌棄人家呢！

布伊亞大區與亞德里亞海相遇的方式

我一定要去斐特烈大帝的城堡

遲了一年才實現的計畫，卻陰錯陽差地讓我在出發之前認識了三位來自布伊亞的義大利廚師。他們是來台灣做烹飪的示範教學，我有幸擔任他們的口譯。因為他們的關係，我瞭解到布伊亞所使用的食材在台灣根本很難找到、當地的婦女如何用簡單的器材做麵食、台北的巷弄之中藏著不少美味的義大利餐廳……。口譯這份從在義大利唸書時期就斷斷續續做到今天的工作，我一直不肯放棄，因為它經常會帶來意外的視野，甚至連這座孤立在山頭上的城堡，也是靠著口譯才讓我終於登陸成功！前一天我千辛萬苦地來到山腳下，才得知往返於山頭城堡的公車剛好從我到達的這一天開始停駛……。

「我也不曉得，我也是現在打開票箱才看到我同事留下來的紙條。」賣票的年輕人怕我不相信，還把那張紙條拿給我看。

「為什麼？為什麼是今天？」

「可能是因為學生開學了吧！」

垂頭喪氣地再次輾轉回到特拉尼，獨自旅行又找不到人訴苦，突然間其中那位主廚米格勒的身影跑進腦海，原本只想打電話發洩一下情緒，沒想到對方竟然回答：「我明天開車載你上去，反正只有八公里而已。」

隔天上山之前，主廚米格勒還帶我到山腳下一家五星級的度假村用餐，因為裡面餐廳的廚師是他過去教過的門生。不過最重要的是，因為在台北那四天的示範教學，其中有很多食材都不對，他要

讓我嚐嚐真正的布伊亞美味。塞翁失馬，焉知非福？前一晚才和西西里島的商人吃了一頓生猛海鮮，現在又大啖布伊亞的道地陸菜，如今近在眼前的神祕城堡反倒成了配角哩！這就是旅行的有趣之處，因為你永遠也不知道下一刻會有令你驚喜的事、或是沮喪的事發生。

1	
2	3

1. 斐特烈大帝在維耶斯特所蓋的城堡　　2. 最具斐特烈神祕傳說的山上城堡

3. 布伊亞大區道地美味生海膽

奔向亞德里亞海的原因：斐特烈大帝

擁有日耳曼 Hohenstaufen 家族血統的斐特烈二世，因母親 Altavilla 血脈系統的關係而於四歲時繼承西西里王國，接受教皇英諾茜佐三世的保護。然而他鮮明的人格特質也造成日後的衝突不斷，因為他想把北邊的日耳曼與南邊的西西里聯合成

一統的帝國，而橫梗在中間的羅馬教皇國便成為極大的阻礙。1250 年斐特烈二世因箭傷去世，但也有一說是被御醫毒死，於是南義的光輝歲月也跟著大帝一起殞落。斐特烈在位時，於轄區內到處蓋防禦式的城堡，不過布伊亞境內位在安德利亞（Andria）附近的山上城堡（Castel del Monte）卻是遺世獨立。而且八角形主體的每個角落又嵌著八角形塔的奇特造型，被後世把它與大帝喜愛的神祕學聯想在一起，但史學家認為這只是斐特烈打獵時的休憩行館，如今這座孤立山頭的城堡被聯合國教科文組織宣布為人類文化遺產。

1　1. 雄才大略的斐特烈大帝
2　2. 位在特拉尼海邊的斯維亞城堡

這座小小的火車站只有我一個東方人下車，一如布伊亞大區其他小城一般，沒有任何的資訊服務中心。廁所雖然有，卻用一把大鎖鎖著，一名女性的站務員看我拖著大行李不知如何是好之時，親切地走過來詢問。

「鑰匙在站長那裡，行李就暫時擺著，我們幫妳看。」

獨自來到鞋跟，比較困擾我的是旅遊資訊中心都設在市中心，下車之後都要經過一段時間的茫然摸索，才能搞清楚自己的方位。因此把鑰匙還給站長的同時，順便問他旅遊資訊中心怎麼走。

「我就是『旅遊資訊中心』，妳想問什麼？」真是教人喜出望外！這個小鎮的火車站怎麼服務這麼好？

「我想知道市中心離這裡多遠？有沒有很多旅館？是不是trullo 建築？因為我一定要住在那種造型的房子裡。」

多年前我買了一本室內裝潢雜誌，裡面有個篇幅介紹一位設計師在布伊亞的家居傑作，那尖尖的屋頂、圓形的牆壁……就像一叢叢可愛的蘑菇。後來輾轉得知阿貝羅貝婁（Alberobello）整片都是這種形式的建築，因此「住在蘑菇屋裡」便成為我這趟旅程的終極目標。站長辦公室的牆壁上貼了一張手寫的旅館列表，只見他拿起電話就從第一個開始打……。

「是 trullo 嗎？」我很擔心住不到小蘑菇。

「放心吧！旅館經理說會開車過來接妳。」

不到十分鐘，一輛小轎車駛到火車站前，因為我這個「目標」實在太顯眼了，那位中年男子什麼話也沒問地就把大行李抬上車。到達目的地時，我簡直不敢相信……豈止一朵小蘑菇，我根本就住進了「蘑菇叢」！客廳、衛浴、房間，一應俱全，只差沒有廚房而已，原來這是一間五星級的度假村，而且就位在市中心。四月份的義大利雖不冷，但天氣多變，趁著烏雲尚未密布的黃昏趕快去逛逛吧！

鬧鐘響的時候，我從大床摔到地上，睜開眼睛卻是一片黑暗，我到底在哪裡？啊，對了！我睡在蘑菇屋裡。把窗戶外面的木板推開，豔陽竄了進來，陽光普照的蘑菇小鎮一定更漂亮，連忙梳洗著裝，豐盛的早餐亂吃一通便迫不及待地投身進入蘑菇森林裡。其實這個南義小鎮早就遭到日本觀光客的入侵，主要街道的商店都有日文標示，昨天晚上相中的一家餐廳甚至有日文菜單呢！今天中午就決定去那裡享用布伊亞的美食，因為我個人的年度大旅行中，不知怎麼搞地，「獨自用餐」就是會讓我感覺特別愉快。

「兩位請坐！」什麼「兩位」？我明明就一個人呀！回頭一看，一位東方男生拿著日文旅遊指南跟在我後面。

「我們不是一起的。」我的語氣有點不高興，因為原本要享受「全然孤獨」的愉悅心情受到莫名其妙的打擾了。

「啊，對不起！」帶位的義大利女孩連忙把我安排到挑高的閣樓上去，而那個日本男生被請到樓下的餐桌。我點了當地的小耳朵麵、搭配了一點紅酒，正要張口送進嘴巴的當頭，義大利女孩跑上來了……。

奔向亞德里亞海的原因：白

在緊鄰亞德里亞海的大區之間，布伊亞的特色最教人印象深刻，因為它並非以偉大的建築來震懾世人，而是用可愛的小鎮來擄獲人心。歐斯突尼（Ostuni）就在被橄欖樹圍繞的高地上，因其外牆全部塗白的民宅叢聚而被稱為「白色的城市」，若是遇上晴空萬里的好天氣，真是亮得讓人睜不開眼！相距不遠的瑪汀納弗蘭卡（Martina Franca）城牆內的

1. 布伊亞大區最特別的阿貝羅貝婁
2. 歐斯圖尼的老城區

蜘蛛網街道結構，就像是一座由白色房子組成的迷宮；七公里外的洛可羅通朵（Locorotondo）就宛如小型的歐斯突尼，它的名稱直譯就是「圓形之地」。不過最最特別的應該非阿貝羅貝婁（Alberobello）莫屬，白色的圍牆、灰色石砌的圓錐狀屋頂，昔日簡陋的農舍卻成為今日最特別的風景。

「可不可以請妳跟那位先生說他書上寫的那道菜，我們今天沒有。」

「可是我不會日文。」

「妳不是日本人嗎？」

「不是啊！為什麼妳會這麼以為？」我又不高興了，女孩也很尷尬，而日本男生則傻傻地坐在那裡，根本不曉得發生了什麼事。

其實情況是這樣的：女孩只會義大利文、一點英文都不會；男生只會日文、一點義大利文都不會，唯一最有可能充當他們之間的「媒介」，就是我了……。好吧！兩個素昧平生的東方人只好用笨拙的英文來溝通了。

準備搭火車離開，旅館經理又好心地把我送到車站。咦？那不是中午吃飯時堅持要點旅遊書上菜色的那位日本男生嗎？看我拉著大行李，他主動幫我扛上火車，因為午餐那段「陰錯陽差」的機緣，我們就在小火車上結結巴巴地攀談起來。原來他在日本的新幹線上班，趁著假期來歐洲玩一個禮拜，義大利他只挑布伊亞大區，住在大城巴里三天，然後搭車到附近的小城走走，明天就要到維也納去了。這種「千里長征」式的玩法，好厲害呀！

巴里的火車站有好幾個月台，然而卻沒有電梯，日本男生只好硬著頭皮把我那卡大皮箱上上下下地直扛到出口，看他氣喘吁吁還要禮貌地道別……，哎，這個民族真壓抑！很多事情不好意思說「不」。其實我根本就沒有請他幫我抬行李，因為我看他長得比我還瘦弱哩！甚至臨走前還一股腦地直跟我道謝，害我開始為自己午餐時的態度內疚了起來。

隨興的莊園主人

剛到義大利唸書時，認識了一位住在亞平寧山的鄉下人，直接帶我走入他土生土長的行為模式，他的世界很平凡、很普通，因此這種不矯揉造作的做法很自然地成為我日後在規劃行程時的直覺，誰知曾與我同行過的有緣人都覺得很深入、很道地。或許他曾帶給我痛苦，但我卻很感謝他當時不送花、不講甜言蜜語，只是開著車到磨坊去抓魚、到田裡去散步……其中又以小莊園最教我魂牽夢縈！雖說碰上成員很多時，經常得分成兩處住宿，使得自己疲於奔命，甚至哀嘆為何要如此搬石砸腳。但事後聽到大家的讚許時，卻又把腫足的苦惱拋到九霄雲外，真是怨不得別人！

到鞋跟布伊亞去，仍依照慣例地安排入住小莊園，然而純南義的走法是一種全新的嘗試，願意放棄傳統的人畢竟不多，但卻可以全部夜宿同一莊園，著實讓我輕鬆不少。況且南義過去是統一的國家，採取大地主式的封建制度，因此它的鄉村景觀和北義是有差別的。當車行岔入鄉間泥土小路時，那種對義式農村隱隱的眷戀便逐漸浮現，在橄欖樹與菜園的盡頭，佇立著一幢戶外擺著大車輪的粉紅鄉村民宅。

「有人在嗎？」我事先與主人連絡過，告知大約何時會到。

屋前屋後來回跑了許多趟，始終不見人影，不過廚房的門是開著的。終於有輛小車駛進，是一名綁著頭巾、打扮很農村的中年婦人。

「您好,歡迎!歡迎!」婦人很豪爽地和我們打招呼。

「請問⋯⋯多明尼克在嗎?」我問。

「在呀,可能在睡覺吧!」

　　團員不曾有過義大利小莊園的經驗,行李隨地一擺便好奇地到處鑽;中年婦人逕自走到廚房去準備;我則是爬上爬下地尋找主人的蹤影。我們曾在電話裡談過幾次,對於不曾謀面並且還是顧客的我,他竟然訓起話來:「來小莊園住一個晚上,能瞭解什麼?布伊亞的文化是很博大精深的,除了看和吃以外,還要去感受,至少待個十天半個月嘛⋯⋯」我當然知道,但團員可沒有這麼長的假期,所以在這個晚上我們要親手做小耳朵麵、要在小莊園吃晚餐、要在星空下聊天、要睡在沒有車馬喧囂的房間裡⋯⋯,因為我們要在最短的時間內「畢其功於一役」!

　　突然間一名把及肩金髮束在腦後、蓄短鬚、大約三十幾歲的清瘦男子不曉得從哪裡冒出來:「終於見面了!妳的朋友呢?請他們進來喝杯茶吧!」只見他拿出大小不一、杯緣還有小缺口的馬克杯放在木桌上,然後指著牆上的櫥櫃:「茶包在這裡,請自己隨意拿!」接著他也綁上頭巾走到戶外,用獨輪車運來柴薪便開始生窯火、揉麵團,一下子功夫全麥佛卡夏烤餅就上桌,大家興奮地站著用手抓⋯⋯,毫無客套的實際迎賓做法,讓我們驚訝之餘也馬上就自動放鬆。

　　當晚的餐桌上全是有機食物:小耳朵麵是我們做的、蔬菜鹹派和麵包都是中年婦女吉娜烤的、葡萄酒與橄欖油是多明尼克釀的,同桌吃飯的還有主人的好友、戴眼鏡斯斯文文的喬治。

「喬治可是民俗舞蹈的老師喔！」多明尼克向我介紹。

「塔蘭特拉嗎？」我回答。

「妳知道？」多明尼克很驚訝，因為這裡的東方遊客非常稀少，何況又是從沒聽過的台灣人。

「我以前曾獨自來布伊亞走過一個月。」

正當大家因晚餐吃得太撐、聽到主人宣布說還有甜點的「噩耗」而哀號時，「來，各位到外面來！」多明尼克忽然下令，喬治也跟出來，原來這兩個男生要教我們跳「塔蘭特拉」。「我發號令，妳翻譯！」結果「左轉」、「右轉」、「勾手」、「勾腳」、「轉圈」、「攻擊」……，把大家耍得團團轉！其實塔蘭特拉是一種巫術的治療過程，在早期的布伊亞遇到收割季節，田間經常有毒蜘蛛出沒，遭到囓咬

馬特拉的景連義大利人都驚異

奔向亞德里亞海的原因：石

布伊亞的雷切（Lecce）是必訪重鎮，雖沒有亞德里亞海當陪襯，但大規模的巴洛克建築把整座城市妝點成露天的雕花博物館，這是因為十六世紀的西班牙卡羅五世欽點此地成為當時布伊亞的首都，藝匠之手化石為美。時光往前推至二世紀，通往亞德里亞海的羅馬軍用特拉伊安諾大道經過的古城艾聶濟亞（Egnazia），鋪上石板的街道、橢圓形劇場、方石堆砌的地下墓穴、深入海中的城

1. 布伊亞大區典型的防禦性莊園
2. 多明尼克的小莊園

牆，每塊石頭皆充滿實用性質；而十六至十九世紀分布在郊區的「masseria」，這是因為海盜猖獗而特別加固的「布伊亞農莊」，如今躲在百年老橄欖樹後或是大片食用葡萄園中，別具詩意；但最叫人驚異的非馬特拉（Matera）莫屬，自然的石灰岩裂縫經過千百年來人類生命的溫柔洗禮，形成半穴居式的特殊景觀，難怪梅爾・吉勃遜執導的《耶穌受難記》來此取景。

的婦女在排毒過程中會如乩童般亂跳，所以多明尼克並不是要「玩弄」我們。「還很飽嗎？」經過這一陣「民俗療程」消耗不少熱量，「不會了！」「那⋯⋯進去吃甜點吧！」

　　第二次再去住一晚，依照慣例地又被多明尼克「唸經」：「我不是說過了嗎？至少也住個三天，我們布伊亞是很偉大的⋯⋯」不過這次喬治沒出現，所以不必「群魔亂舞」，只是我的小耳朵麵被主人糾正：「妳都來第二次了，怎麼每隻耳朵還是做得破破爛爛？」第三次終於排住三天，多明尼克應該會住嘴了⋯⋯。「來，給我瞧瞧你們這三天怎麼走。」我很自豪地拿出計劃表。「妳排這什麼芭樂行程？這附近的石灰岩洞都沒去！」反正他每次總要唸一次經，就隨他吧！我會走自己的路！晚餐時，喬治又出現了。「妳有告訴他們待會要跳舞嗎？」那天晚上更是亂到極致！因為除了我們這些台灣人以外，還有為數不少的日耳曼人，身高幾乎兩米的西方男士與一米四的東方小女生共舞，還要用膝蓋夾著竹竿交給對方，男生幾乎要跪在地上了！不過這次因為人數眾多，多明尼克把另一座小莊園全給了我們，那帶點溫黃的白色大石所砌成的石屋，正是過去南義大型農場的餘韻，那股豪放，我終於領略到了。

　　雖然老是被多明尼克訓話，但我卻一而再地去「叨擾」他。是因為早餐時毫不在乎房客把他的各式手做果醬全部挖光？還是因為我們喝的牛奶真的是去母牛那裡擠來的？也或許是他經常貼在廚房大門那張「目前我在田裡工作，要找我請打手機」的紙條，亦或是他正在和工人吃麵時竟然問我「要不要來一盤」？不過真正的原因，應該是那股令人不會感到壓迫的隨興吧！

從火車站走出來，眼前的景象著實讓我心驚與不知所措。這次自己的年度大旅行決定要行走位在亞德里亞海中段的阿布魯佐（Abruzzo）大區，不過曾經一起在義大利求學過的朋友們想要舊地重遊，於是便相約先在過去讀書的城市翡冷翠溫習一下「往日情懷」，然後再各自分道揚鑣。原本的三人同行卻在臨將出門之前，其中一位的機票出了問題，因此最後只剩我與如今定居於加拿大的同學在百花城相遇。

托斯卡納果真富裕，加上我們已不再是「窮苦」的學生，大方地吃過美食、暢飲醇酒之後，我仍依照原定計畫前往世人所謂的「窮鄉僻壤」。而這位加拿大同學剛好也要去位在此區的特拉摩（Teramo）拜訪昔日好友，她雄厚的家世背景是她在當學生的時候大家就有目共睹的事實，但這時她卻突然決定和我一同到阿布魯佐的首府拉奎拉（L'Aquila）去，讓我好生害怕！因為 2009 年的地震之後，這座城市就無聲無息了，現在這位「生活極為講究品質」的人竟然也要去！不管了，反正我們這幾個都是自由人，不習慣就自己單飛，這也是大家會合得來的原因。事先預訂的旅館始終沒有回應，我只好打電話詢問……。

「女士，您確定要來此地住三天嗎？」沒想到對方卻先如此反問我。

「是啊！難道你們不營業？」

「我們是有開張啦！只是您真的要在這裡待上三天？」

「沒錯！我看你們的位置就在『99 小水道噴泉』旁邊，噴泉應該修好了吧？」

「對，修好了！歡迎！」

　　我想旅館應該是要確定我到底知不知道那裡曾經發生過大地震？因為拉奎拉隱身在崇山峻嶺的亞平寧內地，加上交通不便，外國遊客本來就不多。據說那場地震還幾乎毀掉全城，而我這個莫名其妙的外國人卻要去「玩」三天？直到拖著大行李沿著用粗木支撐著的傾斜老城牆，才瞭解到旅館為何要遲疑與顧慮了。

「天啊，這是什麼鬼地方？妳確定旅館就在這附近嗎？」

「我看了地圖，應該就在城門口。」

「旅館該不會很破吧？我們竟然要在這裡住三天？」

　　「我們」？小姐，這原本是我絕對個人的年度大旅行，是妳自己要跟來的，怎麼現在變成我的錯？我自顧自地向前走，不理會她在後面的嘀咕。其實我也是很擔心的，尚未進城就已看到如此破敗的景象，該不會這三天得住在廢墟裡吧？穿過城門，就聽見右側水聲潺潺，而左側一間小教堂正在整修。工人們全都停下手邊的工作，好奇地看著兩名拉著大行囊的東方女子。

「請問，『99 小水道噴泉旅館』在哪裡？」我開口了。

「隔壁那間就是！」

　　知道我們這兩個並非誤闖「災區」的傻瓜，他們也就回頭繼續做工。看到旅館入口前擺著露天座椅及嶄新的門面，我們放心了。進去後，對方終於見到「堅持

要來此住三天」的稀有房客，高興地接待我們，還給了我們一間有小閣樓的三人房，彼此算是「賓主盡歡」。直到我們放好行李、往市中心慢慢走去之時，才親眼見證四年前那場地震對拉奎拉造成的傷害：半山腰的民宅與商店全都被圍住，外頭還懸掛著罹難者的照片，甚至還有新鮮的獻花；老市區的教堂正面顫顫巍巍，後殿卻是頹圮倒塌；大廣場上一家咖啡館用擴音器播放節奏輕快的音樂，卻怎麼也趕不走這片只有我和我朋友兩位異鄉客身影的孤寂！走進區區幾家仍在營業的商店，主人說他貸款買的房子在這場地震中變成危樓，幾十年來的心血於三十秒的震動中化為烏有！他不甘心地死守著，可是軍隊這個週末就要來驅離，因為重建的計畫要開始分區進行了！我們不知道該如何安慰他，只好盡力購買店裡的葡萄酒、黑松露與手工餅乾⋯⋯。晚上，我們預訂了旅館的餐廳，因為要彌補白天剛到達時的驚嚇，所以吃得很豐富，只是回想到前一天還在托斯卡納的小鎮大啖酒肉，唉！

地震過後拉奎拉孤寂的老城區

　　第二天飄雨，朋友決定在旅館內睡覺，我則是搭著山區小火車到與主幹線交會處的蘇勒孟納（Sulmona）去走走。這座小鎮是拉丁詩人歐韋蒂歐（Ovidio）的誕生地，並據說是由羅馬的建城英雄艾聶亞斯（Enea）的同伴梭利莫（Solimo）奠基。而我到此遊歷的初衷不是要拜訪什麼偉大的遺跡，而是要享受旅行的孤獨。卻不知這座亦是躲在深山裡的小鎮出奇得美！灰灰的石造教堂與雕像，因為歲月的鑿刻而堆積出深厚的質感！踽踽在雨中獨行，卻於市中心的大廣場與水

奔向亞德里亞海的原因：兀自美麗

經常都是搭火車從西部過來，第一次進入阿布魯佐大區就因那股世外桃源的純淨而驚豔不已。平地的溪流清澈見底、險峻的高山深處躲著與世隔絕的隱修院。2009 年的大地震發生以前無緣與首府拉奎拉（L'Aquila）相遇，災難過後的邂逅，對於曾經雄偉的主教堂（Duomo）如今卻毀得柔腸寸斷感到好可惜，不過山下的大丘聖母教堂（Santa Maria di Collemaggio）雖然用木樁支撐著，但裡面聖詩傳唱的聲音依然綿延不絕……。重建之路已啟程，期待這隻深山之鷹的浴火重生！

1. 拉奎拉的大丘聖母教堂
2. 拉奎拉的 99 小水道噴泉

道橋的盡頭相遇，意料之外的驚豔讓我昨天的傷感得到補償。回程之時所露臉的驕陽，更是加碼！火車繞行於山邊絕徑，我看到了隱藏在山坳裡的修道院，是那麼地遺世獨立！那裡面到底住著如何清幽又一塵不染的人啊！傍著高山蜿蜒潺流的溪水，竟是如此地清澈澄淨！雨霧中、日照下，不管世人在不在乎，它依然兀自風情萬種，而我……看到了！

第三天雨下得更大了，朋友決定提前一天離開，而我卻想到附近的「大山」（Gran Sasso）國家公園。她覺得我簡直瘋了，這種天氣竟然要跑到海拔 2919 公尺的高山去！可是我執拗的脾氣若是不去做，心裡就是會一直留著那顆疙瘩，而且旅行的境遇常常不可預期，就像昨天如果我不堅持，怎麼會看到那片不為人知的美呢？

前往特拉摩的巴士站旁邊，也正好是上「大山」的公車總站。我先送她上車然後再獨自啟程，雖然這位老朋友的心直口快經常使得身旁的人無力招架，但她的善良與耿直卻是始終如一。我知道我們會一直再見，但離別總是會感傷，而且還是在一處很奇怪的深山裡……。我們這群曾在義大利唸過書的同學到底怎麼搞的？似乎老是在做一些莫名其妙的事！大巴士離開不久後，小公車來了，乘客幾乎清一色全是住在山腳下的當地居民，只有我和一對金髮碧眼的男女是外地人。在異鄉待久了，不知不覺中也學會如何辨識國籍：這兩個應該是日耳曼人，因為這個民族很喜歡來義大利親近大自然。其實我還是染有濃厚的東方人習性，覺得來歐洲就是要「看」文化。從第一天來到拉奎拉之後，我才知道我和朋友是旅館唯二住下來的旅人，而我還是唯一會到處活動的好奇寶寶！負責供應早餐的女士來自於托斯卡納的西耶納（Siena），因為婚姻的關係而定居到阿布魯佐，地震造成的蕭條讓她很無奈，重建的日程又遙遙無期，所以在替我這個曾在她家鄉讀過書的房客打濃縮咖啡的同

時，熱心地推薦了「大山」國家公園上的小教堂與墨索里尼曾經住過的旅館，還特地打電話詢問，確定在這種天候之下上山纜車依然正常營運。

「請問最近一班上山纜車何時開？」因為一個小時才一班，所以我很緊張。

「再十分鐘。」售票人員興致盎然地盯著我，這時的「大山」烏雲密布。

「山上有一間若望保祿二世曾經祈禱過的教堂，對吧？」這是那位西耶納女士告訴我的。

「沒錯，您要上山祈禱嗎？需要替您找位神父嗎？」

「這種天氣，您找得到嗎？」我反問。

在義大利待久了，我早已學會他們的輕鬆態度，這也是我很喜歡這個民族的緣故。裡面的那位先生笑得很開心，倒是那對德國人猶豫著該不該買票，因為又風又雨地，根本看不見山頭，果真是謹慎小心的優良人種！可是都已經繞了一個多小時的山路來了，山腳下的店家又全都關著，與其遲疑不決，還不如上山痛快地「做個了斷」！這種專門載運遊客上山滑雪的纜車大約可容納二、三十人，如今偌大的空間只有我和一名隨行技師，不知他心裡有沒有在抱怨眼前這個東方白癡？這種狂風暴雨的天候還堅持要上山去看小教堂？搞不好就是因為我的固執才要專程啟動這班纜車？管他！反正我付了票錢，「正常營運」也是你們說的，誰知纜車駛到半途卻忽然間卡住

躲在阿布魯佐深山裡的蘇勒孟納

不動，連嗡嗡的引擎聲都停了下來，只剩車身懸在空中被強風吹得晃來晃去……。

「小姐，您會害怕嗎？」那位始終站在另一頭、不動如山的技師開口了。

「我們又能如何？難道要跳下去嗎？」這時我也不動如山。

「您說得對！」他笑了，我真佩服自己鎮靜的本事。

「所以只能耐著性子等待了。」

　　不知是否是故障？不過這五分鐘的停頓打破了我們原本分據纜車兩頭的尷尬，天南地北地亂聊一陣，繼續啟動之後很快地就駛到山上。狂風暴雨根本讓我站不住腳，急忙鑽進隧道，還好旅館的餐廳有開，點了一碗熱騰騰的豆子湯，享受一整片落地窗的「零能見度」，便又和那位技師搭纜車下山去。出站後，那兩位金髮人竟然還在原地等待！他們問我山上的景況，我據實以報之後，便乘著小公車回拉奎拉。誰知這時陽光開始露臉了，「大山」雄偉的身影展露無遺，看來我是注定與「能同時眺望西邊的提內尼亞海（Tirrenio）與東邊的亞德里亞海」的壯觀無緣！

　　這一晚，我成為旅館唯一的住宿者。遠眺一片黑暗的拉奎拉古城，這種死寂何時才能打破？在即將離開的前夕，我卻為這一路的孤獨依依不捨起來。不想早早就寢，便順步走出旅館，來到滿天星斗陪襯之下的「99小水道噴泉」，就是因為它，我才會不辭辛苦地來到這座「死城」！有一對小情侶正在此親親我我，沒想到這片經常遭到忽視之地，竟然是如此自顧自地綻放它的美麗！而且完全不在乎外界給不給予掌聲，只要自己快樂就好！於是我也莫名其妙地興奮起來，並做了一件無厘頭的事：開始數起小噴泉……。咦，怎麼只有95口噴頭？

在陰雨綿綿的孤絕山區裡經歷遺世獨立的清流洗禮過後，我奔向了位在亞德里亞海畔的佩斯卡拉（Pescara）。皮耶保羅說那是一座「無聊至極」的城市，可是看見旅館繽紛的壁畫，我便毫不遲疑地決定住上三天。一下火車就遇到令人睜不開眼的陽光，不遠處又是撩撥我心弦已久的湛藍大海，這時誰還會管它無不無聊呢？

皮耶保羅說他這次會開車過來。我們到底認識多久了？現在我們真的就像是「同性」的老友，不會在對方面前刻意展現美好的一面，或許就是跨越那道情愛的藩籬，這份友誼才會持續如此長久。我執著於我的大旅行，剛好經過他家「附近」，於是今年我們就又相約在亞德里亞海邊碰面了！因為明天我要去奇耶地看那尊只刻畫大致輪廓、意境卻非常深遠的戰士石像，後天則是計劃搭乘小火車再次進到山中去拜訪仙境阿斯可里皮切諾，所以一放下行囊便急忙衝往巴士站去詢問交通資訊。待一切皆處理完畢、準備到海邊去散步時，突然一個身影從後面撞了我一下，正想要轉身跳腳時……

「啊……皮耶保羅！」我直覺地抱住他，他也不像以前那樣會產生隱隱的悸動了。
「妳想去哪裡？」
「海邊。我覺得這裡很漂亮啊！你怎麼會說它很無聊呢？」
「因為這裡除了海以外，就沒別的啦！」

找了海畔的一家咖啡館喝開胃酒，位在中段這一帶的亞德里亞

海擁有大片白色沙灘，雖然還不到度假旺季，但感覺卻很輕鬆歡樂，我們兩個就這麼靜靜坐著，享受大海、陽光與微風……，然後皮耶保羅說要帶我去吃些特別的。他的舉動總是「突如其來」，而我也毫不抗議地順著他到處亂鑽，這次他帶我來到販賣海產的店家，裡面有熟食也有生鮮，我點了一盤擁有四種口味的麵食，不過皮耶保羅的生蝦配草莓馬上把我的菜色比下去。其實我很喜歡和他一起吃飯，因為可以肆無忌憚地搶他盤子裡的食物，完全不必顧及自己的形象。傍晚，他回家了。他把這段交通說得很輕鬆，但也得要開上兩個多小時的車！這就是我們的相處模式，每年會在義大利中部的某個地方碰面，下次會在哪裡呢？彼此都不知道。

接下來的兩天又是令我異常驚豔的旅程，原來荒涼的阿布魯佐可是「臥虎藏龍」呢！在即將離開佩斯卡拉的前夕，我才瞭解為何皮耶保羅說這裡「無聊至極」了……因為老市區就那麼一條街，連教堂都沒！但卻意外地發現我很欣賞的作家丹倫邱（Gabriele D'annunzio）就出生於此，他那座保存完整的家也正是此城的著名景點，而這間房子裡最神聖的「祭壇」，正是那張不許他人碰觸、他母親睡過的床！

搭火車沿著亞德里亞海往北，陽光不露臉的結果讓我無法抓到最初那股「碧綠」波濤的印象。跨界來到馬各大區，決定在曾與教皇國對抗的「壞頭」家族建立的根據地佩沙洛（Pesaro）落腳，再把足跡延伸到鄰近的大港安可納、俄國人最喜愛的度假勝地利米尼（Rimini）、以及拉斐爾的家鄉烏比諾。其實淡季獨走有時也會碰上強烈的寂寞突然襲擊，我的房間雖然採光良好又有陽台，然而在造訪過計畫中的那些小鎮之後，卻莫名其妙地悲傷起來，於是決定晚上去找間氣氛佳的餐廳發洩一下。佩沙洛也有沙灘，而且我以便宜的價格便輕鬆擁有離海不遠的房間，剛好碰上週末夜，因此海邊有許多餐廳紛紛推出以海或陸為主的特色套餐，從開胃菜到甜點都替

你縮小選擇範圍，非常經濟實惠，但我卻在大門前對著菜單猶豫不決⋯⋯。

「女士，您要用餐嗎？」侍者看我一直不進去，乾脆自己走出來。

「對啊！」我的眼睛還是盯著最下面那兩行。

「這種價錢包含開胃菜、第一道、第二道、甜點以及一瓶礦泉水、一杯酒，真的很划算！」原來他以為我考慮的是費用的問題。

「我知道，可是你們的酒只給一杯而已。」

「啊，您想的是這個！很簡單，我給您一整瓶，結帳時再根據您實際所喝的量來斟酌加收，應該不會很多。」

1. 威尼斯的貢多拉修理船塢

2. 威尼斯的大運河

在海邊就是要吃海鮮，而吃海鮮就要搭配白酒。馬各大區的葡萄酒沒有響叮噹的國際名號，但卻讓我充滿期待。由於這一路走來有太多名不見經傳、卻教我驚豔異常的相遇，所以特地挑選當地所產的「Verdicchio」，果真又是一顆隱藏的珍珠！白酒在 8 度左右的低溫才會逼出它的最佳特質，於是請侍者拿冰桶給我。他準備的是一只冰鎮鋼桶，瘦瘦的圓柱剛好包覆瓶身，跟傳統裝著冰塊與水的透明桶不一樣。或許是食物的美味、也或許是

奔向亞德里亞海的原因：燦綠

海港安可納的城寨

第一次在東部要轉車前往布伊亞時，瞥見碧綠的大海感到很驚奇，也留下深刻的印象。亞德里亞海在中段這裡擁有大片沙灘，因此靠海的城市在夏季充滿度假氣氛：非常受到俄國觀光客喜愛的利米尼（Rimini），仍擁有最具悠遠意味的提貝里歐橋（Ponte di Tiberio）和奧古斯都拱門（Arco di Augusto）；十五世紀被「壞頭」（Malatesta）家族征服的佩沙洛（Pesaro），也是歌劇大師羅西尼（Gioachino Rossini）的誕生地；地中海郵輪的停靠港安可納（Ancona），因為抵抗土耳其人入侵而設計的城寨（Cittadella）仍古意盎然；沒有偉大建築的佩斯卡拉（Pescara），海邊的現代規劃卻很完善……。就在陽光普照的一天，我在此又看到綠色的大海。

其實天氣好的季節，威尼斯的大運河也是綠色的，這位「亞德里亞海女王」雄踞於北段的潟湖帶，聖馬可廣場（San Marco）這片歐洲最美麗的大客廳搶走了沿海其他城市的光彩，然而囊括拜占庭、哥德、文藝復興、巴洛克風格的教堂、宮殿與高塔，簡直就是一本活生生的建築辭典！在這裡，連大海都要退居幕後。

與朋友的離別輕愁，我竟然把整瓶白酒全部喝光！由於察覺自己開始有「胡言亂語」的跡象，連忙請侍者來結帳，他要檢查我喝了多少葡萄酒，因為鋼鐵遮蔽得先把酒瓶抽出來，誰知他往上的力道過猛以致瓶口戳到眼睛，我差點笑出聲來。難怪剛才他先向我推薦小瓶的，可能因為我是東方人又是女性，況且還獨自一人，能有多少能耐呢？不過空空的酒瓶倒是讓他很驚嚇，我也不管，反正今天晚上原本就要開懷大吃與暢飲，他大概以為我會剩下很多酒吧！

　　沿著海邊走回旅館，我聽不見亞德里亞海的聲音，明天就要離別了⋯⋯。何時我還會再向你奔來呢？

在亞德里亞海移動

　　義大利國鐵從利米尼到雷切闢出一條沿著亞德里亞海行駛的鐵道，由北到南囊括艾密利亞 - 羅馬納（Emilia-Romagna）、馬各、阿布魯佐、莫里塞、布伊亞五個大區，沿途串起佩沙洛、安可納、佩斯卡拉、特爾摩里、特拉尼、巴里、濱海波里納諾、蒙諾波里這些值得拜訪的城鎮。至於不在海岸線上的馬切拉達要在馬各新城 Civitanova Marche、阿斯可里皮切諾要在阿斯可里港 Porto d'Ascoli 各站換支線火車；奇耶地在佩斯卡拉搭乘黃色公車、烏比諾在佩沙洛搭乘長程巴士皆不會超過一小時的車程。位在阿布魯佐深山的拉奎拉與蘇勒孟納，可從鄰近的溫布利亞首府貝魯佳搭山區小火車，但須於特爾尼（Terni）換車，總車程約需四小時。而布伊亞境內小城雖有長程巴士行駛，不過經常得在中途換車接駁，淡季還會碰上停駛的命運，建議自行租車比較便捷。

06
Capitolo

（Latinum）

拉丁姆平原

零下十六度的死寂

再次接下《食尚玩家》的拍攝任務，其實是很開心的。記得兩年前初次合作時，我戰戰兢兢地，沒想到製作人卻說：「阿茱姐，妳只要安排好景點和拍攝文件即可，其他的我們自己會玩。」這真是做旅遊節目的最高境界！於是沿途大家盡情地玩，結果竟然「玩出」不少收視率。

由於這次的主力是擺在威尼斯（Venezia）的嘉年華，而第一次已經拍過羅馬（Roma）與翡冷翠（Firenze），所以決定排幾個近郊小鎮，誰知卻碰上二十多年來最強的寒流，而且還是源自西伯利亞！到機場去接攝影團隊時，永恆之都早已是白雪靄靄的一片。在此住宿一晚之後，隔天便在零下十六度的低溫之中，向「正在死亡之中」的城市巴紐雷裘（Bagnoregio）出發。因為天候的關係，車行至毫無遮蔽的山頭時，強風把五十四人座的大巴吹得左搖右晃，基於安全的理由，車行把原本我們預訂的二十人小巴自動換成大車，而且不加價，真是可愛的義大利人！只有八人的工作小組幾乎可以在車上躺平了。

其實原本排的是提沃里（Tivoli）的艾斯特別墅（Villa d'Este），因為那片號稱有五千口噴泉的花園絕對可以讓這兩位主持人玩出新花樣，但寫信去詢問卻一直得不到回音，後來才驚覺剛好碰上週一關園，於是急忙尋找拉濟歐（Lazio）的新景點，卻在無意之間看到一則關於巴紐雷裘這座小鎮的報導，尤其是僅僅只靠一條看似懸空的橋與外界聯絡，實在太特別了！但自己並沒有親身走過還是會

很不安，因為不知道效果會如何。當小型的接駁巴士停在入口處、而我還在與司機協調回程時刻之時，就聽到兩位主持人發出驚叫之聲：「足水ㄟ啦！」心中的大石此刻才落下。不過那根彷彿被削過的岩柱頂端竟然還立著一叢建築，的確很教人驚異。當大家艱難地走過毫無遮蔽並且快被強風吹爆頭的孤橋之後，積滿白雪又空無一人的街道、頹圮的牆垣、莫名其妙出現的小貓……，剛剛穿過的城門具有何種魔力？又把我們帶進什麼樣的奇幻世界？

那次雖然大家被凍得嘴巴合不起來、鼻涕與口水直流，但卻是巴紐雷裘在我印象中最美的時刻。後來在豔夏時節又去了幾趟，這座「天空之城」似乎變醜了。或許是觀光客突然變多，讓害怕人潮的我受到驚嚇，還是「初次」總是最美的、最易受感動的？其實這也是我對兩位主持人再次來到義大利出外景的疑問：「你們節目播出的頻率這麼高，經常出國工作而不是玩，難道不會倦怠？同樣的風景與事物看多了、嚐多了……，還會有感動嗎？」他們的答案是：盡力而為！

的確，這幾年擔任義大利行程的規劃工作，每次總會做些許的修改，就是為了不想讓自己老是在「盡力而為」。而且一個月的大旅行絕對與工作無關，想去哪裡就去哪裡，雖然說還是在義大利、有時甚至還在舊地打轉，但卻會看到很多新東西，因為我是在「玩」，所以「心眼」會打開。《食尚玩家》的兩位主持人是用功的，所以他們會創造「典型」，而「玩」也是一門無止境的功課，但需要「感動」才能玩出名堂。或許某天又會巧遇零下十六度的低溫，讓那份孤寂來激出「初次」的火花。

拉丁姆的呼喚：巴紐雷裘 (Città di Bagnorigio)、 歐席尼城堡 (Castello Orsini)

巴紐雷裘有「國王的浴池」之意，傳說遠古時代有位名為「慾望」的國王得了重病，就是由這裡的泉水治癒。不過這座位於拉濟歐北部荒谷地的古城應是由亞突路斯可（Etrusco）人所建，因為出土許多這個民族的文物並發現房間式的墓穴。1695 年的地震使得原本的城區分裂而造成極為特殊的柱狀城景觀，今天的對外交通只靠一條加固的水泥橋，由於風化嚴重又無可挽救而被稱為「死亡中的城市」。

1. 死亡中的城市巴紐雷裘
2. 巴紐雷裘殘垣斷瓦中的露天咖啡座

歐席尼城堡原屬於羅馬的古老貴族歐席尼家族所有，此家族出了尼可婁三世和本篤十三世兩位教皇，然而家道中落而把拉濟歐北部的封建領地賣給來自北方科摩（Como）的歐德斯卡奇（Odescalchi）家族。今天有很多過去的古都貴族將位在羅馬近郊的不動產改成觀光商業用途，像這座歐席尼城堡就是一間五星級的旅館，然而與攝影團隊於零下十六度的低溫入住，古意更濃。

1. 巴紐雷裘的主教堂
2. 零下十六度的歐席尼城堡
3. 歐席尼城堡如今改成五星級旅館

　　回想二十年前剛到溫布利亞唸書時，每次前往學校都會穿過一道古城門，它叫做「奧古斯都門」，這位羅馬皇帝摧毀舊城門而在其上重建，象徵征服亞突路斯可人。後來聽到歷史教授說那是一個神祕民族，在羅馬人尚未到來之前，文化就已經非常發達，被羅馬打敗之後就消失不見了。

　　其實在義大利那麼長一段時間，尤其又都是待在中部，很多小鎮市中心都有亞突路斯可博物館、郊區有亞突路斯可集體墓穴，然而與這民族相關的都只有這兩種遺跡，實在引不起我的興趣。不過緣分是很奇妙的，在結束課業回台之後，我開始做義大利行程規劃的工作，每次總會安排酒莊，既然托斯卡納是必去之地，加上大學在那裡就讀，所以常會選座不是非常熱門的小鎮住一晚，並到酒窖去參觀外加品酒與吃飯。由於我很愛古建築改成的酒窖，結果主人帶著我們往地下走去並解釋說目前放著大橡木桶的地方正是兩千七百年前亞突路斯可人的集體墓穴……。就這樣，我與這個消失的神祕民族又再續前緣了。

　　台伯河（Tevere）發源於義大利的托斯卡納，往南流經拉濟歐而從羅馬附近入海。介於亞諾河（Arno）左岸也就是托斯卡納中南部、台伯河右岸也就是拉濟歐北部與溫布利亞西部、直到提連尼亞海（Tirrenio）這一帶，西元前 27 年被奧古斯都收納為羅馬帝國第七屬地，稱為「亞突路利亞」（Etruria）。由於從奇樣地（Chianti）到羅馬這段路程在過去很少駐足，所以我想逐漸把這個充滿亞突路

斯可遺跡之區納入行程之中。凝灰岩特殊的質地經過這個民族的開鑿之後，像有靈魂一般地會說話了：石棺上男女半臥的雕像、作工精細的黃金飾品、墓穴牆上的彩色壁畫……，讓我深深著迷不已！

　　亞突路斯可人神祕，是因為他們並沒有留下文字記載，後世的史學家只能從大量的墓穴與陪葬的文物來重建他們的生活型態。由於沒什麼武器，壁畫的內容都是描繪家庭、狩獵、捕魚、演奏音樂這種軟調的場景，所以被推論為是愛好享樂的和平民族，而不嗜征戰的結果就是遭到羅馬人的消滅。不知為何，自從走入蒙特布魯恰諾（Montepulciano）的地下酒窖之後，我好愛那一顆顆圓形土丘、那一道道向下通往墓穴的階梯……，尤其是裡面牆壁上一幅幅圖畫，隨時都在訴說自己的故事，即使沉默了兩千多年，依舊呢喃低迴，那股力道反而比征戰更強烈。

教皇城維特伯的教皇宮建築群

拉丁姆的呼喚：
維特伯（Viterbo）、塔奎尼亞（Tarquinia）

維特伯原是亞突路斯可人建立的城市，今天古城仍有地下通道改成的酒窖就是證明。不過十三世紀成為教皇國屬地並獲選為教皇城，聖羅倫佐廣場（San Lorenzo）上的主教堂和教皇宮建築群（Palazzo dei Papi）就成為老城區的心臟，而由此延伸的聖朝聖者區（Quartiere San Pellegrino）仍保存著中古世紀的況味。

塔奎尼亞可說是亞突路斯可人發跡的母城之一，於西元前七到六世紀甚至出現三位國王統治羅馬。不過今天最重要的遺跡是近郊的羅紀山集體墓塋（Necropoli dei Monterozzi），因為兩百個地下墓穴保有狀況非常良好的彩色壁畫，讓人可以一窺這個神祕民族的生活方式。

1. 亞突路斯可人建立的維特伯
2. 通往亞突路斯可地下墓穴的階梯

這是那次即興的結婚玩笑開完之後再次與喬瑟伯見面，也過了快一年。卡布拉尼卡（Capranica）小鎮今晚酒窖全開，在下車要去吃飯的路上，我們就在市政廳設立的攤位買了高腳杯，然後放入附贈的小袋掛在胸前。吃完黑松露晚餐，大家就迫不及待地上街去尋找，地圖上標出六間參加活動的酒窖，服務人員在票上打洞，然後就可以進去裡面無限暢飲。喬瑟伯的小莊園在近郊，卡布拉尼卡簡直像是他家後院，閉上眼睛都會走。他帶著我往下鑽進酒窖，因為這一帶過去是亞突路斯可人分布的地區，典型的凝灰岩鑿成的洞穴到處散布，今天就理所當然地變成條件良好的藏酒之處。記得第一次把團體帶到這裡時，就看到城門外的公園裡有這種大小不等的鑿洞，經過兩千多年的自然風霜之後，變得非常地引人遐思。之後喬瑟伯開車帶我去他家，那可真的是在山裡面！栗子小莊園（I Castagni）整理得很漂亮，然而團體人數眾多，不只得分成兩邊住宿又要分好幾批載到小鎮用餐，第一次人仰馬翻地，但有過經驗之後倒也應付得來。其實好幾次都會自問：我為何要如此搬石頭砸自己的腳？然而這片「突霞」古區（Tuscia）似乎對我下了蠱，腳腫得再大還是會自投羅網。

「要替妳準備什麼嗎？」出發前，喬瑟伯在電話中問我。

「我們不是有口頭婚約？當然是戒指嘍！」反正是開玩笑，我就獅子亂開口。

突霞也是在認識了栗子小莊園以後才踏進它的陷阱裡，在羅馬

以北的拉濟歐地區大致都是它的範圍，據說亞突路斯可時代，此族的巫師經常在樹林裡的大石或是峭壁鑿出的祭壇做法，因此今天這裡到處都是這個消失的神祕民族遺留下來的集體墓穴與地下建築，密度高到在山裡面隨便轉個彎都會碰到。或許是這片亞突路斯可人的聖地至今仍充滿魔法，那次晚上團員都安置完畢、我們在夏夜的星空下小酌一下時，我問喬瑟伯為何單身那麼久？他突然提議隔天到鎮上的市政廳去公證，我回說誰怕誰！當時覺得彼此只是開玩笑比膽量，所以誰也沒當真。隔了一個冬天，我們在小鎮把每間酒窖都喝過一輪、回到栗子小莊園時，他拿出一本名為《幾世紀以來的黃金》、專門介紹亞突路斯可令人驚嘆的精工手藝之書，黑色精裝的封面上就附著一只仿古金戒，這種方式可真不俗！而且就像朋友送禮般地不著痕跡。再一次的仲夏夜，為了不在突霞的深山裡來回奔波，我們選擇大農莊，沒想到當喬瑟伯來帶領我們去莉娜別墅（Villa Lina）時，竟然穿得西裝筆挺還捎來捧花！

1　1. 莉娜別墅的花園很有羅馬味
2　2. 卡布拉尼卡小鎮的地下酒窖

拉丁姆的呼喚：卡布拉尼卡 (Capranica)
栗子小莊園 (I Castagni)、莉娜別墅 (Villa Lina)

卡布拉尼卡雖然坐落於迷人的突霞範圍內，但卻沒有任何屬於亞突路斯可的文物由此出土。傳說認為於西元八世紀，鄰近的村落遭到蠻族倫哥巴底侵害，當地的牧羊人逃到這處充滿凝灰岩、安全美麗、空氣又乾淨的地方定居。「Capra」是山羊的意思，所以「Capranica」可能是其中有個名叫「Nica」的牧羊人吧！這座小鎮的許多建築由曾經統治此地的安揆拉拉（Anquillara）家族主導，其中文藝復興式的聖方濟教堂（San Francesco）內埋著他們的少主佛蘭契斯科與尼古拉，石棺上躺著這對年少雙胞胎穿盔握劍的雕像。另外，在突霞這一帶有很多中古世紀味道的小鎮立在凝灰岩台地上，周遭充滿亞突路斯可魔法的樹林中還交織著羅馬式的度假莊園，像是栗子小莊園就很有家庭的味道，還有一片隱在綠意中的游泳池。至於莉娜別墅則有五百年的歷史加上廣闊又詩意的花園，那是過去大地主式的餘韻。不管是精巧的「Agriturismo」（小莊園），還是大氣的「Villa」（別墅），其實都各具迷人的風姿。

「我們現在要做什麼？」在分房完畢，終於可以私底下講話時，喬瑟伯竟然這樣問我。

　　「我怎麼知道？問克莉絲汀啊！」

拉濟歐北部的特色美食黑松露麵

　　這是座占地非常廣闊的大型莊園，主人是位浪漫的畫家，我們的計畫是先帶領團員認識這幢擁有歷史的大農莊，然後在花園中用餐；中途會到菜圃去，除了讓我們知道晚餐都是出自這裡的有機蔬菜以外，順便舉行婚禮。喬瑟伯找來充當證婚人的朋友喬治在菜圃裡認真地唸完誓詞之後，大家就迫不及待地到樹下去吃飯，因為餓扁了！這也是我當初隨口說說：既然換成大別墅，那麼就順便來場婚禮，大家開開心就好。許多團員隔天跑來恭喜我，我莫名其妙，他們說：「妳不是結婚了嗎？」沒想到這場戲竟然被當真！

　　青春歲月早已經歷過，雖還不到老僧入定但也很難再激起火花。不過喬瑟伯竟然會把我的無心之言當成一回事，而且還願意「配合演出」，也真是難為他了。只是會不會莫非定律上身？那就讓命運去決定吧！

多年前我參加過「購買拉濟歐」的活動才知道：原來這個大區除了羅馬以外，還有不少美麗的城市！可是當身邊有個世人矚目的焦點，也只好默默地隱身幕後。然而其中有處「艾聶亞斯登陸」之地（Enea's Landing），在擺著未著色的大陶缸、傘松片片的庭園中暢飲開胃酒，之後又到岩壁鑿成的餐廳吃飯，月光灑在腳下的海面上，皎潔寧靜，這幕情景讓同桌一直受到東方傳統禮教約束的日本記者突然間引吭高歌了起來……。或許兩千七百年前的愛神魔力，至今仍在此流竄，時時準備要解放有緣人的心。艾聶亞斯（Enea）是希臘神話中的維娜斯之子，於木馬屠城時逃離特洛伊，飄洋過海來到義大利中部這片拉丁姆平原上岸，他的子孫甚至在台伯河畔建立日後強大的羅馬帝國，所以凱薩才會在議事廣場（Foro Romano）上蓋了一座維納斯神殿，並宣稱自己是愛神的後代！

在羅馬以南的拉濟歐地區充滿濃濃的神話味道，這裡的海岸據說就是艾聶亞斯上岸之地。帝國建立之後向南擴充不遺餘力，因此沿岸到處都是羅馬人的殖民城市與羅馬皇帝所建的別墅。其實羅馬人只會做適度的屠殺，如果被征服的城市沒有頑強抵抗的話，甚至還會給予該城市民羅馬公民的身分，這在當時就等同於今天的美國護照一般。而羅馬承襲希臘文化，越往南這種現象越明顯，離海不遠的列柱式神殿在南義屢見不鮮。不過最教我神往的卻是羅馬人的別墅，大陶缸、噴泉、傘松，尤其是人工鑿成的仿天然洞穴，裡面還會有流水、造型怪異的神像、養著青苔與水生植物……因為這是專門給精靈住的。所以在前往名聞遐邇的蘇連多灣之前，我會刻意

安排來這段拉丁姆非常陽光的海岸住上一晚，因為這裡太英雄、太有羅馬味了！

而發源於義大利中部的台伯河，往南流經拉濟歐北部，在山中鑿刻出險峻的河谷地，這裡到處挺立的台地上與凝灰岩裂縫之間，都是消失的亞突路斯可人的墓穴遺跡，尤其突霞那片充滿魔法的地下暗黑世界，更是教我迷戀不已！因此在離開舉世聞名的托斯卡納緩丘之後，我都會特別拉到這片拉丁姆非常神祕的山區停留一夜，因為這裡太陰柔、太有亞突路斯可味了！

兩千多年前這兩個民族都曾統治過羅馬，但後來幸運之神眷顧艾聶亞斯的後代，不過羅馬以南或以北，在我心中各有千秋也不分軒輊，因為一個像太陽，一個像月亮，各以自身的魅力照亮拉丁姆的天空。

1. 史貝隆佳的提貝里歐別墅遺跡
2. 山丘上的史貝隆佳小鎮
3. 史貝隆佳的地標

拉丁姆的呼喚：艾聶亞斯（Enea）

充滿拉濟歐風情的海港佳耶塔

傳說在特洛伊城破之時，艾聶亞斯揹著老父、牽著幼子逃亡，漂流到拉丁姆平原上岸，而他的後裔羅莫洛（Romolo）與雷莫（Remo）甚至成為羅馬的建城雙生子。在拉濟歐南部的海岸據說就是這位愛神之子登陸的地方，這裡也有羅馬共和時期的雄辯家西賽羅（Cicerone）的家鄉與法西斯獨裁者墨索里尼（Mussolini）所規劃的樣板城市，然而最迷人的卻是歷史與這片碧海藍天交織出來的濱海小鎮：佳耶塔（Gaeta）。它是艾聶亞斯以其奶娘命名的城市，突出於海中的岬角讓老城區的蜿蜒小徑隨時可見湛藍的大海、教堂與民家。另外還有史貝隆佳（Sperlonga）這座往小山丘盤旋而上的小漁村，海岸線有奧古斯都的繼承人提貝里歐（Tiberio）依據海蝕洞穴所建的別墅，原本擺在其中的獨眼巨人雕像碎片如今全收集在史貝隆佳國立考古博物館（Museo Archeologico Nazionale di Sperlonga）。

親愛的同學，這次我們羅馬見！

在翡冷翠唸大學的時候，第一次邀同學來家裡，結果在樓梯間還出現了一張新面孔。「他是我們的室友，可以一起來吧？晚餐後叫他洗碗！」

人都已經出現在家門口，總不能把他趕回去……，那是我第一次見到皮耶保羅，靦腆又有禮貌的大男孩，家鄉在義大利最小的一區「莫里塞」（Molise）。其實我的同學年齡都比我小很多，首先因為他們的經驗不足，不太會判斷東方人的真實年齡，加上有時候我玩起來比他們都「狠」，所以後來這群小朋友根本忘了我應該是「大姊頭」的身分，竟然沒大沒小了起來！讀書期間，有空就會跑到他們在亞諾河左岸所租的老屋去「鬼混」，不過皮耶保羅經常都缺席回家去了。「他家在坎波巴索（Campobasso），好大的一座城市啊！」小孩子們的嘴是很毒的！

當我應邀前去皮耶保羅的家鄉拜訪，讓他非常喜出望外，因為他的室友們老是嘲笑坎波巴索「很大」！從翡冷翠搭了八個多小時的火車來到崇山峻嶺環繞的莫里塞，還真的是有「荒涼」的感覺！皮耶保羅來火車站接我，當天晚上到老城區用餐時，我簡直成了外星人！到處都是好奇的目光，「妳是第一個來坎波巴索的台灣人！」大學生的心思很簡單，這樣就讓他很驕傲哩！

那是我們第一次相約火車站見，所以後來「火車站」就成了我們之間的一種代號。畢業之後，當初那些住在亞諾河左岸的小朋友

拉丁姆的呼喚：羅馬（Roma）

每年幾乎都會重回羅馬。這座我第一次踏上義大利曾驚嚇到差點馬上打道回府的古都，現在卻是讓我欲罷不能地愛上它！感謝曾經輝煌的帝國與曾經腐敗的教皇國，讓我每次獨走時都會有新的驚喜：在蒙特區（Monte）的鋪石小巷裡有好吃的吉普賽冰淇淋、在切里歐山丘（Celio）裡有古意盎然、圓形的基督教早期教堂聖史特

1. 下過雪的羅馬帕拉汀諾丘
2. 羅馬最經典的圓形競技場與凱旋門

法農（Santo Stefano Rotondo）、在特斯達裘小丘（Testaccio）的外圍有販賣皮件與可愛雜貨的新市場、城牆外往北的佛拉明尼亞大道（Via Flaminia）有亞突路斯可文物收藏豐富的朱利亞別墅（Villa Giulia）、城牆外往南的阿皮亞古道（Via Appia）上有羅馬古墓與片片斷斷的水道……，再也逃不掉！

有的到瑞典去找姊姊、有的回拿波里（Napoli）老家、有的到非洲去行醫……，全都失聯了，只有和皮耶保羅還是在義大利的某個火車站見，這份友誼竟然意外地綿延了十年！

今天又要前往義大利了，「要在翡冷翠還是羅馬碰面？」

其實還有波隆納（Bologna）、安可納（Ancona）……其他的火車站都是我們的代號，「羅馬！」皮耶保羅毫不考慮地就回答。對！還是永恆之都比較有意思，記得他領第一份薪水時，騎著摩托車到火車站來載我去吃披薩，我的大頭塞不進全罩式的安全帽裡，結果他用力一捶，把帽子「打」進我的頭……，回憶太多了！

所以，羅馬……我們又回來啦！

沒有大批觀光客的羅馬騎士廣場

　　羅馬不僅是拉濟歐大區的首府，也是義大利的國都，位在這隻長靴中部西邊靠近提連尼亞海，而流經市區的台伯河入海處正是它的達文西國際機場（或稱 Fiumicino 機場）所在，兩邊有火車與機場巴士相通，起訖站是羅馬的特米尼火車站（Stazione Termini）。羅馬與義大利各主要大城之間都有國內航班與國鐵主幹線聯繫，往北到翡冷翠、往東到亞德里亞海畔的佩沙洛和佩斯卡拉、往南到拿波里之間，皆有高速的歐洲之星行駛；羅馬的海港老城（Civitavecchia）則有夜臥渡輪往返薩丁尼亞島。而羅馬市區有兩條地鐵，礙於保護古蹟的法令，地鐵站距離景點經常有段距離，不過密如蜘蛛網的公車將其補強。然而景點密度高加上彼此相鄰，徒步方式亦是可以到達，但須儲備良好的體力。至於拉濟歐境內，北部突霞的維特伯與卡布拉尼卡有國鐵的支線或巴士與歐特（Orte）相接，再從歐特轉火車到羅馬市區；南部的拉丁姆海岸有西部主幹線經過，要前往史貝隆佳可在「Fondi-Sperlonga」站、前往佳耶塔可在「Formia-Gaeta」站下車，不過火車站皆不在市區，須搭乘巴士接駁。

國家圖書館出版品預行編目資料

義大利，獨走 20 年 / 林玉緒（Azzurra）著
-- 初版 -- 臺北市：瑞蘭國際，2016.12
272 面；17×23 公分 --（PLAY 達人系列；02）
ISBN：978-986-5639-89-1（平裝）
1. 旅遊 2. 義大利
745.09   105016474

PLAY 達人系列 02

義大利，獨走 20 年
Io vado in Italia da sola per 20 anni

作者、攝影｜林玉緒（Azzurra）
責任編輯｜葉仲芸、王愿琦
校對｜林玉緒、葉仲芸、王愿琦

視覺設計｜劉麗雪
照片編輯｜邱亭瑜

董事長｜張暖彗・社長兼總編輯｜王愿琦・主編｜葉仲芸
編輯｜潘治婷・編輯｜紀珊・編輯｜林家如・編輯｜何映萱
設計部主任｜余佳憓
業務部副理｜楊米琪・業務部組長｜林湲洵・業務部專員｜張毓庭
編輯顧問｜こんどうともこ

法律顧問｜海灣國際法律事務所　呂錦峯律師

出版社｜瑞蘭國際有限公司・地址｜台北市大安區安和路一段 104 號 7 樓之 1
電話｜(02)2700-4625・傳真｜(02)2700-4622・訂購專線｜(02)2700-4625
劃撥帳號｜19914152 瑞蘭國際有限公司・瑞蘭網路書城｜www.genki-japan.com.tw

總經銷｜聯合發行股份有限公司
電話｜(02)2917-8022、2917-8042・傳真｜(02)2915-6275、2915-7212
印刷｜宗祐印刷有限公司
出版日期｜2016 年 12 月初版 1 刷・定價｜380 元・ISBN｜978-986-5639-89-1

◎版權所有、翻印必究
◎本書如有缺頁、破損、裝訂錯誤，請寄回本公司更換

瑞蘭國際